実録 昭和の大事件「中継現場」

久能靖 著

河出書房新社

実録　昭和の大事件「中継現場」——目　次

実録　昭和の大事件「中継現場」

まえがき

私がアナウンサーになりたいと思ったのは日本が戦後初めて参加を許されたヘルシンキオリンピックの時であった。もちろんその頃はテレビなどない時代。「はるかに日本の皆さま」という呼びかけで始まるＮＨＫの実況放送を、高校生になったばかりの私は夢中になって聞いた。

テレビと違ってラジオではアナウンサーの言葉によってその場面を想像する以外にないが、いかにもその場にいるかのような表現に深く感動した。自分の目で見、耳にしたものを自分の言葉で伝えたいという思いは日増しに強くなり、どうしてもその道を目指したくなった。

私は幼い頃から人一倍好奇心が強かったが、人は誰でもたくさんの引き出しを持って生まれてくる。成長するにつれ、またいろいろなことを経験するにつれ、その引き出しは一つ一つ埋まっていくはずだと信じていた。しかしそれには引き出しに入れようという意識が必要だ。さもなければ引き出しは空っぽのままで生涯を終えてしまいかねない。

アナウンサーこそ、その願いがかなえられる仕事だと思った。幸いアナウンサーの道に入ることができたが、何もかもが新鮮で知らず知らずのうちに引き出しが一つ一つ埋まり始めていくように思えた。

しかしこの道に入って六〇年、人生でいう還暦を迎えようとしたある日、愕然とした。自分では喜々として引き出しに入れていたはずなのに、細かいことが思い出せない。つまり引き出しの整理をしていなかったのだ。いざという時に取り出せなければ引き出しに入れたことにはならない。そのことに、その時初めて気がついた。

いくら考えてみても、六〇年前はおろか三〇年ほど前のことさえ正確に思い出せない。要するに引き出しに入れたつもりが、じつは入っていなかったのだ。一度入れたはずの引き出しの中味を、還暦を機会にもう一度きちんと確認し、整理しておかねばならないと思ったのが本書の執筆の動機である。

あの時の出来事にはこんな背景があったのかと、後になって気づかされることがたくさんあった。改めて、引き出しは入れるだけでは何にもならないことを痛感した。

残念なことに多くの関係者がすでに物故者になってしまったが、私の引き出しの整理にあたって記憶の糸をたどって私を助けて下さった方々に心から感謝したい。

第1章 六〇年安保闘争

60年安保闘争。1960年6月5日、国会南門を壊すデモ隊。©毎日新聞社／アフロ

「孫がデモ隊のシュプレヒコールをまねて《安保反対》、《岸を倒せ》と叫びながら家の中を走り回るのにはまいった。怒るわけにもいかないしね」。

これは後年、時の首相岸信介が一九六〇年（昭和三五）当時を振り返って私に語った言葉だが、孫とは後に総理に上りつめた安倍晋三である。

私がアナウンサーとして日本テレビに入社した一九六〇年は安保の年といわれるほど安保条約（日米安全保障条約）の改定問題をめぐって年初から日本国内は緊張した空気に包まれていたが、五月二十日に新安保条約を政府自民党が衆議院本会議で強行採決したことから反対運動は一気に盛り上がっていた。

自民党は前日の十九日に衆議院安保特別委員会の質疑打ち切り動議を突然提出し、怒号の飛び交う中、これを可決すると安保条約と関連法案も可決した。質疑の行なわれていた第一委員会室は与野党の委員が委員長席に殺到しあっという間に大混乱に陥ったが、日本テレビのカメラマン真家弘之は国会班のキャップだった藤川魏也から「早くおれの肩に乗れ」といわれ、肩車をしてもらって採決の決定的な瞬間を必死の思いで撮影したという。

この強行策に野党側は激しく抵抗し、本会議を開かせまいと議長室前を占拠して座り込んだが軟禁状態にあった清瀬一郎議長は、ついに職権で警官隊を導入して排除した。

午後一一時五〇分に本会議の開会が宣言されるとただちに自民党の単独審議で会期の五〇日間延長を議決し、いったん休憩ののち、日をまたいだ二〇日の午前〇時〇六分から再び開かれた本会議でついに新安保条約を自民党議員だけで単独採決してしまったのである。関連法案とともにただちに参議院に送付、これで野党側がどんなに抵抗しても憲法六〇条の規定によって三〇日後には新安保条約は自然承認されることになった。抜き打ちの強行採決は、政局に深刻な波紋を巻き起こした。

野党は以後、いっさいの国会審議を拒否し、社会党や民社党内からは議員総辞職論まで飛び出すほどであった。一方、自民党内でも河野一郎、三木武夫、松村謙三などの反主流派が岸首相の退陣を求めて結束を固めるなど、党執行部への批判を強め党内の対立も激化した。

こうした動きは国会内だけにとどまらず、関西財界が岸退陣要求で一致したほか、民主主義の破壊ととらえた一般市民をも強く刺激し、国会解散を求めるデモ隊が連日国会を取り囲むことになったのである。しかもおよそ一週間後の二八日に内閣記者団と会見した岸首相が「責任はすべて私にあるが、総辞職や解散はしない。現在のデモは特定の指導力によって特定の人が動員されて作られたデモであり、声ある声である。私はむしろ声なき声に耳を傾けたい」と高姿勢に終始したことも、デモ隊を強く刺激した。

そもそも六〇年安保といわれる激しい闘争はなぜ起きたのであろうか。

「日米安保」とも「安保条約」ともいわれた条約は「日本国とアメリカ合衆国との間の安全保障条約」が正式名称で、一九五一年（昭和二六）九月八日に、サンフランシスコでアメリカをはじめとする第二次世界大戦の連合国四九ヶ国と日本の間で平和条約が締結された際に、日本の主席全権委員であった吉田茂が署名したものであった。吉田は当時の総理大臣である。
　この条約は翌一九五二年四月二十八日に平和条約と同時に発効したが、次のような前文と五ヶ条から成っていた。以下、要約する。

　前文　日本国は武装を解除されているので、平和条約の効力発生の時において固有の自衛権を行使する有効な手段をもたない。無責任な軍国主義がまだ世界から駆逐されていないので、日本国には危険がある。よって日本国は、アメリカ合衆国との安全保障条約を希望する。

第一条　平和条約及びこの条約の効力発生と同時に、アメリカ合衆国の陸軍、空軍及び海軍を日本国内及びその附近に配備する権利を、日本国は許与する。この軍隊は、大規模の内乱及び騒擾《そうじょう》を鎮圧するため、外部からの武力攻撃に対する日本国の安全に寄与するために使用することができる。
第二条　アメリカ合衆国の事前の同意なくして陸海空軍の通過の権利を第三国に許与しない。
第三条　アメリカ合衆国の軍隊の日本国内及びその附近における配備を規律する条件は、両政府間の行政協定で決定する。
第四条　この条約は、国際連合又はその他による日本区域における国際の平和と安全の維持のため充分な定をする国際連合の措置、又はこれに代わる安全保障措置が効力を生じたと日米両国の政府が認めた時は、いつでも効力を失うものとする。

読めばわかる通り、これは日米間の軍事同盟を定義した条約だが、サンフランシスコ平和条約が締結された前年の一九五〇年に朝鮮戦争が勃発したこともあって、日本はソ連（現ロシア）や中華人民共和国、北朝鮮などの極東の共産圏に対する防共の砦《とりで》として、地理的にもアメリカにとって重要な位置にあったのである。この条約によって、それまで日本を占領していたアメリカ軍は今度は在日米軍として引き続き日本に駐留することが可能になり、そのための基地も日本側が提供することになった。

しかし、この条約は米国が一方的に日本を防衛する内容だったため、岸信介は総理に就任するとすぐに日米共同防衛を義務づけた「より平等な条約」に改正するために米国との協議に入った。その結果、内乱に関する条項を削除し、米軍が日本を守る代わりに在日米軍に攻撃があった場合には自衛隊も在日米軍と共同で防衛にあたるという日米共同防衛を明文化しようとした。それとともに、在日米軍の配置や装備に関して両国政府が事前に協議することを盛り込んだ次のような条約案がまとまったのである。

それまでの「日本国とアメリカ合衆国との間の安全保障条約」から「日本国とアメリカ合衆国との間の相互協力及び安全保障条約」と、「相互協力」という言葉が入ったことにこの条約の性格が表れている。区別するために、それまでの安保条約は「旧安保条約（安全保障条約）」と呼ばれることが多い。この新条約は、次のような前文と一〇ヶ条から成っている。長文なので要約する。

前文　日米両国は、平和及び友好の関係を強化し、一層緊密な経済的な協力を促進することによってそれぞれの国における経済的な安定を図るとともに、国際連合憲章に定める個別的又は集団的自衛の固有の権利を有していることを確認する。そのうえで両国が極東における国際の平和及び安全の維持に共通の関心を有することを考慮し、相互協力及び安全保障条約を締結する。

第一条（平和の維持のための努力）

武力による威嚇又は武力の行使を、いかなる国の領土保全又は政治的独立に対するものも、また、国際連合の目的と両立しない他のいかなる方法によるものも慎むことを約束する。

第二条（経済的協力の促進）

締約国は、国際経済政策におけるくい違いを除くことに努め、経済的協力を促進する。

第三条（自衛力の維持発展）

締約国は、持続的かつ効果的な自助及び相互援助により、武力攻撃に抵抗するそれぞれの能力を、憲法上の規定に従うことを条件として、維持し発展させる。

第四条（臨時協議）

締約国は、この条約の実施に関して随時協議し、また、日本国の安全又は極東における国際の平和及び安全に対する脅威が生じたときはいつでも、いずれか一方の締約国の要請により協議する。

第五条（共同防衛）

一、各締約国は、日本国の施政の下にある領域における、いずれか一方に対する武力攻撃が自国の平和及び安全を危うくするものであることを認め、自国の憲法上の規定及び手続に従って共通の危険に対処するように行動することを宣言する。

二、前記の武力攻撃及びその結果として執ったすべての措置は、国際連合憲章第五一条の規定に従ってただちに国際連合安全保障理事会に報告しなければならない。

第六条（基地の許与）

一、アメリカ合衆国は、その陸軍、空軍及び海軍が日本国において施設及び区域を使用することを許される。

二、日本国における合衆国軍隊の地位は、安全保障条約第三条に基づく行政協定に代わる別個の協定及び合意される他の取極により規律される。

第七条（国連憲章との関係）

この条約は、国際連合憲章に基づく締約国の権利及び義務又は国際の平和及び安全を維持する国際連合の責任に対しては、どのような影響を及ぼすものではなく、また、及ぼすものとして解釈してはならない。

第八条（批准）

この条約は、日本国及びアメリカ合衆国により各自の憲法上の手続に従って批准されなければならない。この条約は、両国が東京で批准書を交換した日に効力を生ずる。

第九条（旧条約の失効）

一九五一年九月八日にサンフランシスコ市で署名された日本国とアメリカ合衆国との間の安全保障条約は、この条約の効力発生の時に効力を失う。

第十条（条約の終了）

一、この条約は、日本区域における充分な定めをする国際連合の措置が効力を生じたと日本国政府及びアメリカ合衆国政府が認める時まで効力を有する。
二、この条約が十年間効力を存続した後は、いずれの締約国も、この条約を終了させる意志を通告することができ、通告が行われた後一年で終了する。

たしかに新安保条約は、事前に協議するようにするなど、単に米軍に基地を提供するための条約から平等な条約へと大きく変わった。しかし在日米軍に対する攻撃にも自衛隊が在日米軍と共同で防衛に当たることに改定したため、日本が米国と他国との戦争にも巻き込まれるのではないかという懸念が強まり、改定交渉の内容が次第に明らかになるにつれて反対運動は激しさを増していった。

ましてあの忌わしい第二次世界大戦が終結してからまだ一五年しか経っておらず、人々に厭戦気分が強かったうえ、岸信介がかつて東條内閣の閣僚だったことへの反感もあって、空前の反対運動へと発展していったことも否定できないだろう。

しかし、政治生命を賭けても成立させようと強硬姿勢を崩さない岸首相は一九六〇年一月十六日、藤山愛一郎外相、石井光次郎自民党総務会長を伴って、条約調印のためアメリカへ旅立った。その出発を実力で阻止しようとした約七〇〇人の全学連の学生が羽田空港のロビーを占拠し、ついに午前三時、警視庁の機動隊が座り込みを続ける学生たちを次々にごぼう抜きにし、七六人が検挙された。戦後、首相の外国訪問はこれで八回目だったが、警視庁が約五〇〇〇人もの警官を沿道や空港に配置しなければならなかったのは初めてであった。

しかしこうした厳戒態勢のなか、まだ阻止闘争の余韻の残る羽田空港のロビーを避け、タラップの下まで車を乗りつけた岸首相を団長とする全権団は、予定通り出発した。そしてホノルル、サンフランシスコを経由したのち、一月十七日午後七時四〇分（日本時間十八日午前九時四〇分）にワシントンに到着した。

そして、十九日午後二時五四分（日本時間二十日午前四時五四分）ホワイトハウスの東の間でアイゼンハワー大統領立会いのもと、両国の全権団が新安保条約と駐留協定など九つの文書に調印した。岸首相以下日本側の全権団は毛筆で署名したが、毛筆がよほど珍しかったのか、岸首相の隣に座ったアイゼンハワー大統領がじっと筆先を見つめていたのが印象的であった。

調印後、アイゼンハワー大統領と岸首相は共同声明を発表し、両国が軍縮に向けて努力することが戦争の危険を減少するのに著しく貢献するという点で見解が一致したことを表明した。また日本国民の中に不安視されていた事前協議については「大統領は総理大臣に対し、本条約の下における事前協議にかかる事項についてアメリカ政府は日本国政府の意思に反して行動する意図のないことを保証した」という表現が盛り込まれた。

この事前協議については、調印後の記者会見で岸首相が「この文言をうたってもアメリカが日本の意思を無視しはしないかというのが日本の不安だが、声明はこれに対する回答だ」と述べ、さらに藤山外相がそれを補足する形で「事前協議ということで協定を作ったわけだが、協議というからには話し合いが一致しないかぎり協議は成り立たないということだ。問題は協議といっても日米間の力関係その他で日本が政治的に押し切られるのではないかという不安があることだが、声明は米政府が日本政府の意思に反して行動しないことを保証しており、この不安ははっきりなくなるわけである」と述べている。

しかし、この新安保条約についてソ連（現ロシア）のモスクワ放送が「日本の支配層は自国民の利益に反して新条約に調印し、これによって意識的に国際緊張を強めているが、これらの行動に重大な責任を負わなければならない」と強い調子で非難している。それは予想通りだとしても、フランスまでもが新条約は数々の改定にかかわらず、第三国の目から見ても依然として不平等な点が多く、これでは安保問題をめぐる日本国民の不安は解消されるどころか、むしろ悪化するのではないかという外交消息筋の懸念を伝えている。

そしてその理由として、事前協議についての取り決めがあいまいで、いざとなった場合に両国間の紛争が起きる恐れがあると指摘し、米軍の駐留が延期されることは慢性的な反米感情を培う恐れがあるし、国民感情の間に、一向に条約を積極的に支持しようとする熱意が見られないとまで言い切っている。その懸念は的中した。

翌日もアイゼンハワー大統領と会談し、大統領と皇太子御夫妻の相互訪問で合意して帰国した岸首相を待っていたのは、激しい大衆の抗議行動であった。

こうして新安保条約は両国の全権代表団によって調印はされたが、条約はそれだけでは効力をもたない。両国の国会で批准され、批准書を交換して初めて発効する。日本の国会ではまず衆議院に安保特別委員会が設けられ、そこで集中審議が始まったが、予想通り社会党が厳しく政府を追及し、連日緊迫したやりとりが続いた。そして衆議院で自民党が単独で強行採決すると、社会党が議員総辞職をほのめかしたほか、自民党の反主流が公然と岸首相の退陣を要求するなど混乱をきわめていた。

一方、国会の外では前年の一九五九年（昭和三四年）に日本社会党、日本労働組合総評議会（総評）、原水爆禁止国民会議（原水禁）などで結成された安保条約改定阻止国民会議が次々と統一行動日を設定し、参加者はうなぎ昇りに増えていった。彼らは安保批准反対の請願書を、国会の通用門や議員面会所に待機する社会党や共産党の国会議員に手渡すという整然とした請願デモを行なったが、そうした行動を手ぬるいとする全学連の主流派は国会正門前で座り込んで集会を開き、しばしば警官隊と激しくぶつかり合った。

こうした連日の激しいデモに対して、各テレビ局ともほとんどすべての報道部員を現場に配置した。しかし前年の一九五九年に開局した日本教育テレビ（現テレビ朝日）やフジテレビはもちろんのこと、民放としては一番古い日本テレビでさえ、まだ七年足らずしか経っておらず、報道記者の数もたかが知れていた。

しかも記者を配置すべき場所は、多岐に渡っていた。国会だけでも正門のほか六ヶ所の通用門があっただけでなく、請願を受けつける衆参両院の議員面会所も欠かせないし、請願デモとは別行動をとる全学連もマークしなければならない。警察の動きも目が離せず、新人記者も総動員された。

当時はまだ記者やアナウンサーが現場からリポートするスタイルは確立されておらず、記者は目にしたことをメモにとったり、簡単な原稿にしたりしていたが、ほとんどはデンスケと呼ばれる録音機を肩にかけて現場音を拾うのが主な役目であった。

その一人、小木裕は全学連と警官隊が対峙する国会正門と桜田門の警視庁の間の取材を命じられてデンスケで音を拾っていたが、当然近くに行かなければいい音はとれない。双方から小突かれ、何度も殴りかかられたという。また夜暗くなってからのデモの様子を取材していた森康雄は一緒に行動していたカメラマンの指示で手持ちの照明器具を点灯した途端に、デモ隊から石を投げられている。

これらの原稿や現場音、フィルムは、国会の参議院議員面会所前の道路で待機していたジープに集約され、そこからは麴町の本社までオートバイでピストン輸送されていた。そして現像し、編集されたフィルムに現場で拾い集めた音声をかぶせて放送へという段取りであった。編集の責任者であった石川利男によると、当時のニュースフィルムの現像には五〇分か一時間かかったため、編集時間から逆算して放送の一時間半前には現像所に届いていなければならなかった。もちろん現像所が遠ければ遠いほどその分余計に時間がかかることになる。しかしネガのままで放送できることを知った石川が、紀尾井町にあった現像所を日本テレビの本社裏に移したこともあって、なんと現像に一二分、編集に二、三分というまさに神業とも言える速さで放送に間に合わせることができるようになったのである。当然、他局よりも最新の映像が放送できたわけで、日本テレビのニュースへの信頼性を高めることになった。

とはいえ、当時はまだ報道現場に中継車を出すという発想はなく、撮影したフィルムをいかに早く放映できるかだけの競争であって、所詮、テレビニュースはまだまだ新聞の補完的役割にしかすぎなかった。

反対運動は次第に全国的な広がりを見せ始め、群馬県下では約六〇〇の商店がほぼ一日、店を閉めて抗議の姿勢を示したほか、六月四日には東京の国電や長距離列車が始発から午前七時までストップするという政治ストも行なわれたが、乗客とのトラブルはほとんど起きなかった。これはストそのものがきわめて整然と行なわれたこともあるが、安保反対というスローガンに同調する声が強かったことも要因であろう。そして六月八日に自民党が単独で参議院本会議と安保特別委員会を開き、衆議院から送付された新安保条約の審議を始めると国会はまったく出口の見えない状況に陥った。

こうした情勢にありながらも、日米両政府はアイゼンハワー大統領の訪日を予定通りに行なうという強硬姿勢を崩さなかった。六月十日にハガチー大統領新聞係秘書が訪日の最終日程を打ち合わせるため、午後三時三五分、特別機で羽田空港に到着し、ただちに大使館差し回しの車で出発した。ところが、空港の入り口である弁天橋脇を固めていた反主流派の全学連の学生がその車を取り囲み、車を揺らしたり、車の上に飛び乗って窓ガラスを破ろうとするなど大混乱となり、ついに米海兵隊がヘリコプターを出動させてやっと救出するという予想もしない事態が起きてしまった。それでも政府は安保問題とは別だとして大統領訪日の方針を変えようとはしなかったため、安保反対デモはさらに盛り上がり、容易ならざる雰囲気に包まれた。

そして、いよいよ参議院でも自民党単独の可決が濃厚になるにつれ、安保阻止国民会議は次々と統一行動日を決定していったが、六月十五日、全学連の学生と警官隊の衝突によってついに死者が出てしまったのである。

この日、総評や中立系労組の主要単産も関わったデモの参加者は、全国で五八〇万人にまで膨れ上がっていた。最初は波状的ながらも整然と請願デモが行なわれていたが、それとは別の行動をとり、岸退陣、国会解散要求を掲げておよそ一万人の全学連の学生が集会を開き、気勢を挙げていた。その集会めがけて右翼の車二台が突っ込み、多数の重軽傷者を出したことから、激昂した学生らは午後五時過ぎに国会議事堂の南通用門の門扉をなぎ倒して、一斉に構内になだれこんだ。

その模様を撮影していたのが、鈴木愛士カメラマンであった。

鈴木は二メートルほどの通用門の門柱によじ登って学生たちの行動を上から撮影していたが、フィルムを入れ替えようとカメラを目から離した瞬間、突然飛んできた石が当たって、門柱からまっさかさまに転落してしまった。鈴木はすぐに国会内の医務室に運び込まれたが、奇跡的に骨もどこにも異常はなかった。彼はそれが何時頃かわからないというが、明るかったというから、間違いなくこの突入時だったと思われる。

また別の角度から撮影していたもう一人のカメラマンがいた。映放クラブに所属していた海野修太郎である。映放クラブは国会でのさまざまな動きを撮影したり、収録するためにテレビやラジオ、新聞各社のカメラマンや音声担当者で構成され、国会議事堂の中に一室を構えて、つねに待機していた。海野はその日の様子をこう述べている。

「私たち日本テレビの国会班も映放クラブに所属していて、連日、空転国会打開のための与野党折衝を取材していた。この日も各社のカメラマンとともに夕方近くまで待機していたが、何時頃だったか……。本社のデスクから電話で、学生たちが国会内に突入するという情報が入り、とるものもとりあえず、オリコンプロ・カメラ（音声も同時にフィルムに収められる当時としては最新鋭のカメラ）を音屋（音声担当者を仲間内でこう呼んでいた）の窪田忠雄と一緒に担いで、三階にある衆議院の議員運営委員長室に駆けつけた。

そこはちょうど南通用門が眼下に見える位置で、以前から目をつけていた場所であった。議運の職員に入室を断られたが我々は強引に入室し、『やめてください』、『出ていってください』という声を無視して細い縦長の窓から身を乗り出すと、まさに学生たちが大挙して南門の扉を押し倒して乱入する寸前だった。私は夢中でカメラのシャッターを押し続けた（この間、窪田が海野の腰を後ろから支え続けていた）。

そこへ濃紺のヘルメット、濃紺の服を着た警官隊が右から左からなだれ込み、乱入してきた学生たちを無差別に殴り始めた。学生たちは無防備だった。怒声が飛び交うなか、『ピシッ』、『ピシッ』という警棒を振るう音だけが今でも耳に残っている。

警官隊が学生たちを排除したあとには、頭から血を流してうずくまっている学生の姿があっちにもこっちにもあった。思わずカメラを回しながら叫んだ。『警官隊やめろ！』。三、四回は叫んだだろうか。ついに職員によってその部屋からつまみだされたが、日本人同士、こんな酷いことをしてよいのか！　権力に対する怒りがこみ上げ、身震いしたことを鮮明に覚えている」。

じつはこの海野修太郎に限らず、当時とくに警官隊と学生の衝突現場を踏んだことのある記者やカメラマンの中には、左翼に厳しく右翼に甘い警察が権力の手先と映り、強いアレルギーを持った者は少なくなかった。私もその後、何回も衝突現場に遭遇したが、すでに地面に引き倒された学生を足蹴にしたり、警棒で殴る姿を目撃し、「捕らえたものに何ということをするんだ。そこまでする必要はないだろう」と警官に喰ってかかったことがしばしばあった。

デモ隊が国会の構内に突入したのは、じつはこれが初めてではない。一九五〇年（昭和二五）三月九日に予算案に反対して、一九五三年（昭和二八）十一月一日には吉田茂内閣打倒を叫んで、また安保の前年一九五九年十一月二十七日には安保改定阻止のデモ隊が二度にわたって乱入し、約二万人が一時間余りも座り込んでいる。このため国会周辺のデモを規制するための国会審議権維持法案が、十二月二十四日に衆院を通過したばかりであった。

この日、国会構内に乱入した学生たちは警棒による殴打と放水車二台を使った水攻めのため一旦、構外に押し出された。

その後しばらく投石と放水の応酬が続いたが、午後七時過ぎ、バリケードとなっていたトラックを外に引きずり出すと、学生たちは再びスクラムを組んで構内に突入し、その大混乱の中で樺美智子《かんばみちこ》の死という悲劇が起こってしまったのである。負傷した鈴木カメラマンは最初の突入の際、門扉を引き倒そうとしていた学生たちの中に一人だけ女子学生の姿があったのが妙に印象に残っており、翌日、女子学生の死を知ったときには間違いなくあの学生だと思ったという。

再び、およそ五〇〇〇人の学生が乱入してきた時、南門から少し離れて待機していた警官隊のそばで音を拾おうとしていたのが、私と同期の、まだ入社二ヶ月余りの記者浜元英一であった。突入してきた学生たちの勢いと投石に身の危険を感じた浜元が、急いで警官隊の後ろに回り込もうとした途端、「突撃」という隊長の号令で警官隊が一斉に実力行使に出た。浜元は、警官隊が学生たちを一網打尽にするためにわざと学生たちが突入してくるのを待ち構えていたように感じたというが、ヘルメットも被らず無防備の学生たちはただ逃げ惑うばかりであった。

夏至が近く日が伸びていたとはいえ、もうほとんど見分けがつかないほどの暗さのうえ、放水で濡れた地面に足をとられて転倒したところへ、警官隊が警棒を振るって襲いかかり、再び数百人の負傷者を出した。

南通用門脇の衆議院事務局二階で仕事をしていた厚生課共済担当職員の宮出俊彦は後年、次のように語っている。

「当時の南通用門あたりは四角いセメントのブロックが敷きつめてあったのですが、学生たちがそれを割って私たちの建物に投げてくるので、こっちは半分逃げ腰でしたからとてもまともに仕事ができませんでした。しかし上司からデモ隊に対してどうこうしろという指示はありませんでしたので、平常通り勤務はしていました。

彼らの行動が激しさを増したのは、人の船に乗せられるようにして席についた清瀬議長の意味不明とも思われるような宣言で、条約が承認されてからでした。怒濤の如く押し寄せる人の波はまったく予想もできないほどのエネルギーがあり、目の当たりにして非常に恐ろしいと感じました。

その極限に達したのが六月十五日の南通用門からの乱入事件です。時間ははっきりとは覚えておりませんが、日が西に大きく傾きかけた頃（同僚に聞いてもあまりよくわからない）に、全学連のデモ隊が南通用門から国会の構内に突入してきました。通用門は木造りであったため、丸太の長い棒で何回も外から釣鐘を突くように繰り返したため、ついに通用門がしなって折れ、デモ隊がどっとなだれ込んだのです。しかし、こちらも身を守るのが精一杯で、じっくり様子を見られる状態にはありませんでした。

追われた学生と思われる多数の人たちが血まみれになり五里霧中で逃げまどい、私たちの事務室の廊下にまで逃げ込んで来た者もいました。二階までは上がってきませんでしたが、私たちも逃げ場がありませんでした。屋上もありませんし、外に出られる状態ではありませんでしたが、もう夏でワイシャツ姿ですから、外へ出ようものなら間違えて警官に襲われる恐れがあったのです。

しかも目の前で起きている状況を見るのが半分、逃げ腰が半分で、学生や警官が二階まで乱入してきたらどうしようかを考えるのに懸命で、女子学生が亡くなったことは報道されるまでまったく知りませんでした。あれはまさにこの世の地獄で、私たちも連日徹夜で仕事も手につかず、デモ隊の投げるコンクリートブロックを避けながらの勤務を忘れることはできません。後日、私を含め同僚たちが検察庁に呼ばれて状況説明を求められましたが、誰も樺美智子の死亡現場を見た者はおらず、人波による圧死なのか、棍棒によるものかは私はもちろんわかりませんでしたし、新聞などの報道によるしかありませんでした」。


ところで私はというとちょうどこの時、国会議事堂からさほど遠くない後楽園球場にいた。今の東京ドームの前身である。球場ではこの日、国鉄（現ヤクルト）と阪神の試合が行なわれていたが、後楽園球場での野球中継の独占権を持っていた日本テレビは、この夜も読売巨人軍と同じように後楽園をホームグラウンドにしていた国鉄の試合を中継していたのである。

この頃はまだ一般家庭にまではテレビは普及しておらず、街頭や広場に設置されていた街頭テレビと呼ばれる受像機を通して観戦する人がほとんどであった。

その街頭テレビは、夕方になると係員が来てスイッチを入れるのだが、毎晩黒山のような人々が一台のテレビに魅せられていた。とくに人気があったのは野球とプロレスで、日本テレビの創設者でありテレビの父といわれた正力松太郎が、当時の国民にとって圧倒的な興味は野球であり、テレビ向きだと考え、日本テレビが民放初の放送を開始した一九五八年（昭和三三）の前年に、いち早く後楽園球場と独占契約を結んでいたのである。

しかも当時は国会でこれほどの騒ぎが起きているにもかかわらず、特別番組を組むという発想はなく、番組表通りの放送が行なわれていた。この頃のテレビはまだ終日放送ではなく、朝は午前七時のニュースから午前九時過ぎまで、昼は午前一一時から午後二時頃まで、夕方は午後五時から午後一一時過ぎまでで、その間は休みであった。

我々同期入社の三人を含めてもアナウンサーは男性一六人、女性一三人しかいないのだから、新人だからという甘えは許されなかった。短いニュースや天気予報、生ＣＭ（ＣＭは生放送が多かったし、提供スポンサー名はすべて生読みであった）を担当する一方、サブアナ（サブアナウンサーの略）として実況アナウンサーの手助けをするのも重要な仕事であった。たまたまその日の野球中継のサブアナが、私だったのである。

野球中継の場合のサブアナは、実況担当のアナウンサーの隣に座ってスコアブックをつけたり、ピッチャーの次の投球が何球目かを指を折って教えたり、リリーフピッチャーがブルペンで投球練習を始めた時にはその名前を即座にメモに書いて渡したりするのが、主な仕事であった。今と違って選手は背番号しかつけていなかったので、受験勉強の頃の単語カードを作って必死で名前を覚えた記憶が蘇ってくる。

放送席はゴンドラと呼ばれ、球場の二階から吊り下げられていたが、その中はメインのアナウンサーと解説者、サブアナ、音声を担当する技術係が座ると、もう一杯になるほどの広さしかなかった。そしてサブアナのそばには、電話が一台置いてあった。もちろん放送中はベルが鳴らないように、着信すると小さなランプが点くようになっていた。

六月十五日の放送は午後八時から始まり、メインは志生野温夫アナであった。放送が始まってだいぶ経ってからなので八時半を回っていたと思うが、私の前のランプが点滅した。隣で志生野アナが実況中継しているので無言で電話を取り、一方的に内容を聞くだけしかできなかったが、「国会で学生と警官隊が衝突して女子学生が一人死亡したから、アナウンサーに伝えろ」という中継ディレクターからの指示であった。中継ディレクターは球場の外の中継車の中にいるが、私はいわれた通りの内容をメモにして志生野アナに渡した。

当然、メモに目を落とした志生野アナはそれを放送したが、野球の試合を伝えることに全神経を使っていたためか、志生野アナはまったくそのことを覚えていないという。球団発表ではおよそ八〇〇〇人いた観客にそのニュースが伝えられることはなかった。しかし国会で死を賭けている人がいる一方、そうした動きに関心を示さない人もまたこれほどいたという事実が、私に大きな衝撃を与えた。世の中にはさまざまな意見の人がいる以上、つねに一方の立場の意見だけで物を見ることだけは絶対にするまいと心に誓ったのが、その後の六〇年にわたる私の取材の原点となった。

国会周辺がようやく静けさを取り戻したのは、翌十六日の未明であった。

樺美智子は現場から救急車で警察病院に搬送される途中で亡くなった。十六日の午後、東京地検は樺美智子の死因について「頭に外傷などの異常はない。内臓諸器官全面に出血があり、膵《すい》臓、胃、十二指腸などの出血が著しい。首の両側の出血が著しい」と両親も立ち会った解剖結果を明らかにするとともに第一に窒息死、第二に腹部に強い圧迫が加わったための急性出血性膵臓炎、第三に両方が同時に起こったもの、のいずれかであるとの見解を発表した。

その死因については警官の暴行ではないかという声があったが、東京地検は一ヶ月半にわたって、デモに参加した学生や警官、一般市民、先に私に証言してくれた国会職員など合わせて二一六四人から事情を聞いた。

その結果、樺美智子は東大文学部の集団の十数列目でスクラムを組み、同夜七時過ぎに南通用門から構内に突入したが、学生と後方から突入してくるデモ隊の渦に巻き込まれたこと、七時二七分に救急車に収容されるまで目撃者がいないこと、樺美智子が倒れていたとされる付近にいた学生がこの混乱の中で多数失神していることなどから、人波に揉まれ人雪崩の下敷になったとして、警官の暴行による死亡の疑いは否定されたと結論づけた。総評弁護団などの殺人罪の告発は、その「容疑なし」として不起訴処分となった。しかし父親の樺教授側は喉《のど》には絞められたような鬱血痕があり、腹部には靴のような大きなものによる圧迫があるうえ、右前額部に傷があると、この所見に反論した。

樺美智子は中央大学教授樺俊雄の長女で東大文学部の四年生だったが、じつは羽田空港ロビー占拠事件の際の逮捕者の一人だった。樺俊雄は娘の死について、取り囲んだ記者団に悲痛な面持ちでこう語っている。

「私は社会学者研究会の同僚と一緒に国会に行っていた。その帰りにラジオで女子学生がデモで死んだというニュースを聞いた。まさかとは思ったが何か気になって国会に戻り、どうも美智子らしいとわかって病院に駆けつけた。美智子は一月に全学連の羽田空港占拠事件で検挙されたことがあり、その時、私は全学連の戦術は誤りだという話をした。しかし今度は違う。全学連の問題だけではない。国民全体が政府に対して心からの願いを訴えようとしているのだ。その意味でも私は国民のための犠牲になったのだと考える。美智子はつねに世の中が正しくあることを念願していたが、私がじかに目で見た警察官の行動はまったくひどかった。

戦後の警察は民主化されていると思っていたが、これほどひどいとは思わなかった。美智子の死を無駄には終わらせたくない」。

またその日の夕方、東大の茅誠司学長は次のような長文の声明を発表した。

「この事件で警官の行き過ぎは明らかであり、学生を預かる者として抗議する。学生の行動は切迫した危機感によるもので、この行動をとらせたのは新安保強行採決で議会主義を危機に追い込み、国会と国民を遊離させたにもかかわらず、政治責任者が国会の機能を回復させる適切な手段を何も取らなかったことにある。たとえば解散などが行なわれておれば、学生は平穏な方法で意思を表明する機会が与えられ、十五日のような行動はしなかっただろう。ところが何の措置も取られず学生に民主主義回復の努力が無力だという絶望感を与えたもので、学生だけを責めることはできない。このような事態では、大学は学生教育の任務を果たすことができないばかりでなく、説得などで学生に平穏な行動を求めても効果はない。この趣旨に基づいて、政治責任者が民主主義的責任政治を回復すること以外に解決はなく、その努力をすることを強く要望する」。

東大の学長が外部に向かって声明を発表したのは、これが初めてであった。

ついに死者まで出したこの不祥事は世の母親たちにも大きな衝撃を与えたが、読売新聞の婦人欄には、学生デモへの母の思いと題して有識者の次のような声が掲載されている。

「どうしても参加せずにはいられなかったその気持ち――それを母親としてどうしようもなかった――それが悲しいのです。若い人たちは全学連に光の燃え立ちを感じたのでしょうが、同じように光をそこに見出して巻き込まれていったことがかわいそうでならない。デモに参加しても、あそこまで行動してもらいたくなかった――それが母親の気持ちです。

今流している涙はただ悲しみの涙ではなくて、怒りの涙でもあることを知ってほしい。若い人たちはこの十九日が最後の線のように考えて踏み切ったのでしょうが、問題はその後に続くと思います。いつの日になったらそうしたところから抜け出すことができるのか、暗い気持ちです」（評論家　石垣綾子）。

「美智子さん自身は純粋な心で日本の前途を憂えてとった行動なのでしょう。しかしデモもあそこまで行くと賛成できません。今度の事件は右翼が攻撃に出たのがきっかけといわれますが、警察がもっと早くそうした暴力を取り締まってくれたらこんな結果にならずにすんだのではないかと思います。若い美智子さんの純真な心を決して無駄にしてはいけないと思いますが、デモをする人たちももうすこし理性的に考え、静かな抗議をしてもらいたいものです」(日本YWCA会長　植村環)。

「全学連の学生たちをみていると、昔二・二六事件で決起した青年将校に似ていると思うのです。そして今の世論も『学生は悪いが動機は無理もない』といった調子ですが、私はそういう傾向は危険だと思うので、今度のような学生の行動には批判的です。

しかしもし私の娘が参加したいといったら、親としては反対でもまた行かせたくなくても、止められないと思います。大きな川の流れの中で、日本の民族とともに滅びても仕方がない——今の私はそんな絶望的な気持ちです。しかし一番考えるべきことは岸首相の退陣うんぬんよりも、そうした政府を選んだ日本国民としての責任を一人一人がきびしく見つめ、深く考えることでしょう」(作家　小山いと子)。

樺美智子の母親には同情しつつも彼らの行動を支持する声は聞こえてこないが、「暴力化」「暴徒化」という厳しい姿勢でその行動を批判した新聞七社が二日後の六月十七日付けで、暴力を排し、議会主義を守れという次のような異例の共同声明を出した。

「六月十五日夜の国会内外における流血事件はその依ってきたる所以《ゆえん》は別として、議会主義を危機に陥れる痛恨事であった。

我々は日本の将来に対して今日ほど深い憂慮を持つことはない。民主主義は言論をもって争われるべきものである。その理由の如何《いかん》を問わず、またいかなる政治的な難局に立とうと暴力を用いて事を運ばんとすることは断じて許されるべきではない。

ひとたび暴力を是認するがごとき社会的風潮が一般化すれば、民主主義は死滅し、日本の国家的存立を危うくする重大事態になるものと信ずる。よって何よりも重大責任を持つ政府が早急に全力を傾けて事態収拾の実をあげるべきことは言うをまたない。政府はこの点で国民の良識に応える決意を表明すべきである。

同時にまた、目下の混乱せる事態の一半の原因が国会機能の停止にあることに思いをいたし、社会、民社の両党においても、この際これまでの争点を暫《しばら》く投げ捨て、率先して国会に帰り、その正常化による事態の収拾に協力することは国民の望むところと信ずる。

ここに我々は、政府与党と野党が国民の熱望に応え、議会主義を守るという一点に一致し、今日国民が抱く常ならざる憂慮を除き去ることを心から訴えるものである」日本経済新聞社、東京タイムズ社、東京新聞社、読売新聞社、毎日新聞社、朝日新聞社、産業経済新聞社。

この共同声明はまるで、革命前夜を思わせるほど高揚していた学生たちに冷水を浴びせる形になり、六月十八日にも全学連は三万人を大動員して徹夜で国会を取り巻きながら整然と夜を明かしたうえ、執行部が「火をつけたり、突入するものは挑発しようとするスパイとみなす」と触れ回るほど、冷静な行動に終始した。また政府もすでに十六日の午後四時に臨時閣議を開き、あれほどこだわっていたアイゼンハワー大統領の訪日を治安に確信が持てなくなったとして米国側に延期を要請したほか、自民党も参院での強行採決をあきらめ本会議の開会を中止した。その結果、衆院ですでに自民党によって単独可決されていた新安保条約は参院で採決されぬまま十九日の午前〇時をもって自然成立することになったのである。

しかしこの間の十七日には、参院の議員面会所で請願を受けていた社会党顧問の河上丈太郎が右翼の二〇歳の工員に背中を切り出しナイフで刺されて全治二週間の負傷をするという、国会構内で初めてのテロ事件が起きてしまった。そのため岸首相は、静かな怒りを込めたデモ隊が幾重にも官邸を取り巻く中で自然成立の瞬間を迎えざるをえず、やっと私邸に戻ったのは朝になってからであった。

こうして新安保条約は日本の国会で批准されたが、六月二十三日午前一〇時一〇分から東京芝白金の外相公邸で日本側藤山外相とアメリカ側マッカーサー駐日大使との間で批准書の交換が行なわれ、ただちに発効した。これを見届けた岸首相は臨時閣議、引き続いて政府与党首脳会議を招集し、席上、人心を一新し、国内外の体制に適応する新しい政策を強力に推進するためとして退陣を表明した。

こうしてついに新安保条約は成立したが、条約の自然成立と岸首相の退陣表明によって目標を失った形のデモは次第におさまり、混迷した政局を担う次の首相が誰になるのかに焦点は移っていった。しかし自民党内は新総裁を話し合いによって選ぶか、公選かで調整がつかず、すったもんだの末、ようやく七月十三日に公選で決めることになったが、当日になって立候補していた大野伴睦副総裁が突然辞退したため一日延期され、七月十四日決選投票の末、石井光次郎に大差をつけて池田勇人が新しい総裁に選ばれた。

当初から有力とみられていた池田総裁誕生が難航したのは池田が官僚の出身であり、厳しい批判を浴びた岸の亜流と見られていたことも大きかった。その点は池田も充分に意識しており、総裁に選ばれた際「今までのような野党と対決するといった力の政治を排除し忍耐と寛容の精神で議会政治を盛り上げたい」と岸の強行路線とは違うことを強調するとともに十九日の記者会見では「岸亜流と呼ばれるが私のやることを見てから批判してほしい」と言い切っている。

一方、激しい安保闘争の余韻はそう簡単には消えず、七月十四日の午後首相官邸で開かれた池田新総裁の当選祝賀会に出席した岸が、池田と握手をして南平台の私邸に帰ろうとしたところを暴漢に左内腿を三ヶ所刺されるというテロ事件が起きた。一時は意識が朦朧《もうろう》としていた岸はただちに赤坂見附の前田外科病院に運ばれたが、幸いなことに生命に別条はなかった。犯人は佐賀県唐津市出身で戦前の右翼団体大化会系統の団体に所属する荒牧退助（六五）とわかったが、普段から自民党本部に出入してており、この日も胸にピンクの祝賀会入場証をつけていたため簡単に官邸に入れたのだという。

池田総裁の誕生を受けて七月十六日に岸内閣は総辞職したが、全閣僚がサインした書類を入院中の岸が決裁して正式に決定した。そして七月十八日に開会した第三五臨時国会で首班指名を受けた池田はその日のうちに組閣を完了したが、当選六回の中山マサを初めての婦人大臣として厚相に起用したことが池田内閣に斬新なイメージを植えつけた。

自民党は九月六日に三六年度以降三年間、年間九％の経済成長率を維持し、三八年度に国民所得を二六％増、一〇年後の四五年には二倍以上にするといういわゆる所得倍増計画と呼ばれる新政策を発表した。この政策を掲げて国民に信を問おうというわけだが、その総選挙は十一月二十日と決まった。しかし、その選挙の最中、またもテロが起きてしまった。

十月十二日に東京の日比谷公会堂で自民党池田勇人、社会党浅沼稲次郎、民社党西尾末広の三党首の立会演説会が公明選挙連盟などの主催で開かれていた最中のことである。午後三時過ぎ、二番目に登壇した浅沼が内容も聞き取れないほどの右翼のすさまじい野次に一度中断し、再び演説を始めた直後のことであった。突然壇上に駆け上がった一人の青年が長さ三四センチの脇差で浅沼の左胸部と左腹部の二ヶ所を刺したのである。それまでも何回も右翼と思われる男たちが壇上に上がってはビラをまいていたが警備にも一瞬の隙が生じていたのかもしれない。

犯人はただちに取り押さえられ、その場で意識を失った浅沼は救急車で近くの日比谷病院に運ばれたが、左腹部の傷が致命傷となって午後三時四〇分に死亡が確認された。男は元大日本愛国党員山口二矢（一七）で前から狙っていたと自供したが、十一月二十二日に収監されていた東京練馬の東京少年院鑑別所の独居房で自殺してしまった。壁には支給された歯磨き粉で「七生報国、天皇陛下万歳」と書かれていた。

こうした相次ぐテロが選挙にどのような影響を及ぼすか注目されたが、十一月二十日即日開票の結果、自民党が解散時より一三議席増やして二九六議席、社会党が一二二議席から一四五議席と大きく躍進する一方、民社党が四〇議席から一七議席と大幅に減らし、自社の対立がさらに激化する結果となった。

これを受けて発足した第二次池田内閣は国内にあっては経済を、国際的には失墜した信頼を回復させるという重い責務を負うことになったが、折りしもアメリカでもその年の大統領選で民主党のジョン・F・ケネディが選出されるという新しい時代の幕開けを迎えていた。

また、一〇年後とはいえ所得倍増計画は少なくとも国民に希望を与えたことは間違いない。四年後に東京オリンピックを迎えるとあって国内もこの年を境にようやく落ち着きを見せていった。

しかし、安保闘争から五〇年後の二〇一〇年（平成二二）七月七日、外務省が公開した一九六〇年の日米安保条約改定交渉をめぐる外交文書によって、意外なことが明らかになった。これは作成から三〇年以上経過した外交文書を原則自動的に公開することを明記した「外交記録公開に関する規則」が一〇年五月に制定されたことに基づいたものだが、注目すべきは五八年（昭和三三）十月の段階で、当時の岸首相と藤山外相が外務省の事務方の説明した改定案に難色を示したとされる部分である。

それによると十月十八日の午後、外務省の山田久就次官と田中参事官が説明したのは、旧安保条約では日本国に対する武力攻撃に限定していた適用範囲をアメリカ側の強い要望を受けて、極東および太平洋地域へと拡大しようという内容であった。一通り説明を聞いた岸首相は相互援助をうたう以上、日本がアメリカとともに渦中に巻きこまれることは覚悟しなければならないが、韓国台湾をめぐる紛争に巻き込まれるのは困るというものであった。

その点こそまさに激しい反対運動を繰り広げた多くの国民の意見だったのだ。そこで事務方では太平洋地域にまで広げる案をひっ込めてアメリカ側との改定交渉に臨んだが、十一月二十六日に行なわれた藤山外相とマッカーサー米駐日大使との会談ではこの案では受け入れられないと強い調子で拒否されている。

日本案で示されている日本の領土のみに限定することは日本が攻撃された場合にアメリカに防衛することを求めているだけで、共通の危険という観念がまったく含まれていない。あくまでも日本の自助努力と相互援助をはっきり明文化しろというものであった。

その後、度重なる交渉の結果、日本の自助努力と相互援助をうたったうえ、適用範囲を極東とすることでようやく結着したのである。もし岸首相や藤山外相が韓国・台湾の巻き添えに対して国民と同じ懸念を共有していることを率直に吐露していたらあの六〇年安保闘争はまた別の展開を見せていたのではなかったかと思う。

第2章 成田闘争

空港建設反対派の鉄塔（千葉県成田市三里塚)。著者撮影（以下同）

一九六六年（昭和四一）七月四日、テレビ各局はニュースで、政府が新しい国際空港を成田市三里塚中心に建設することを閣議決定したと伝えた。

このニュースに驚いたのは地元の人々であった。というのもその一〇日前に政府が、内定していた千葉県の富里村を断念し、隣接する三里塚に変更しようとしていることは報道で知ってはいた。しかし正式に決定するからには当然事前に地元に説明があってからのことだと思っていたからだ。この抜き打ち的な決定がのちに激しい反対運動へと発展していくのである。

じつは新しい国際空港を建設しようという動きはそれより四年ほど前の一九六二年（昭和三七）頃から大きな政治課題になっていた。その頃は国際的にも航空輸送が急増し、一九七〇年には我が国も狭い羽田空港だけでは能力の限界に達するだろうと見られていたからだ。そのため六二年十一月十六日、時の池田内閣は第二空港の建設を閣議決定し、翌六三年八月二十八日には綾部健太郎運輸相が航空審議会に候補地と規模を諮問した。

これを受けて霞ヶ浦、千葉県木更津付近、千葉県内陸部が候補地として浮上したが、霞ヶ浦は都心から遠すぎること、木更津は羽田空港に近く、航空管制上無理があるとして脱落した。そして十二月十一日に、航空審議会は新空港の建設地として千葉県の内陸部にある印旛郡富里付近が高速道路を作れば、車で一時間で行くことができるので最適であるという結論を出した。さらに新空港を羽田の七倍、二三〇〇ヘクタールとすること、建設と管理は公団方式とすることも盛り込まれた。

ところが候補地となった富里付近は昔から平坦な台地に農地が広がり、豊かな専業農家が多かった。そのため激しい反対運動が起こり、用地買収交渉は遅々として進まなかった。そこで開港を急ぐ政府は方針を転換し、規模も一〇六五ヘクタールと当初計画の半分以下に縮小し、急遽、空港予定地を三里塚に変更したのである。

それは三里塚には皇室の広大な御料牧場があり、それを他所に移し、県有地を合わせれば計画の約三分の一を転用できるうえ、残りの敷地も明治時代から戦後にかけて入植した開拓農家が大半を占めていたため、代替地さえ用意すれば容易に立ち退きに応ずるだろうという政府の目論見もあったのだ。しかし事前に何の説明もない有無をいわせぬやり方は、地元の人たちを不安のどん底に落とし入れた。この結果、住民は充分な補償をしてくれるならば受け入れるという条件賛成派と断固反対する派に分断される形となった。

それでも政府は方針が確定したとして閣議決定した三週間後の七月三十日には、新東京国際空港公団（本稿ではこれ以降空港公団とする）を設立するとともに、運輸相が全工事を七三年末、つまり七年後に完成するという方針を明らかにした。ただし工期は二期に分け、第一期は四〇〇〇メートルのA滑走路一本、旅客ターミナル、千葉港からの四〇キロに及ぶ燃料パイプラインを一九七一年（昭和四六）四月までに、第二期として二五〇〇メートルのB滑走路と横風用の三二〇〇メートルのC滑走路を完成させるというものであった。

一方、政府の閣議決定からわずか一週間足らずの七月十日、猛反対する地元農民を中心に、戸村一作を委員長、北原鉱治を事務局長とする三里塚芝山連合空港反対同盟（以後反対同盟とする）が結成され、長く激しい対立へと突き進むことになった。

取材対象が空港公団から反対同盟まであまりにも幅広くなったため、同僚の久保晴生アナが空港公団を、私が反対同盟と担当を分担することになった。そこで私はさっそく今後、長いつき合いになるであろう反対同盟の北原鉱治事務局長を自宅に訪ねた。三里塚は昔から桜の名所として知られ、かつては多くの花見客で賑わったところだが、私が訪れた時にもまだ所どころにその面影を残すのどかな農村地帯であった。

北原事務局長は当時四〇代半ばの気さくな人で喜んで自宅に招き入れてくれた。戦時中は海軍の機関士として駆逐艦などに乗船したりしたが、横須賀で本土決戦に備えて塹壕を掘っている時に終戦を迎えた。その後、三里塚牧場の一部を開墾し、三里塚に住むようになったが、息子が小学校にあがるとPTAの会長を務めたり、三里塚商工会の会長、交通安全協会の副会長を務めるなど自民党の有力な支持者の一人であった。しかし政府の抜き打ち決定で一方的に自分の土地を収奪されることに激しい怒りを覚え反自民になったのだという。

反対運動が激しさを増す中、空港公団が外郭線のクイ打ちを強行した一九六八年（昭和四三）四月十九日の時点では農民を支援する学生ら外部団体の活動も活発になっていた。そのうえ買収予定の農地を細分化して三〇〇〇人が一坪ずつ所有する一坪地主運動が起きたため、用地の取得は難航し、空港用地の造成工事が始まったのは閣議決定から四年もあとの七〇年四月であった。

しかしその後も遅々として工事が進まないため、翌七一年二月二十二日、友納武人千葉県知事は

「成田市駒井野にある反対同盟の用地六ヶ所に対して三週間以内に強制収用代執行を実施する」と発表した。強制収用代執行とは建設主体である空港公団の職員の手だけでは無理な作業を警察の力を貸りて強制的に実行することである。ついに両者が激突する時を迎えてしまったのだ。

発表から三日後の二月二十五日の早朝、初めて機動隊が姿を現した。この強行突破のやり方に農民や支援する学生らが激しく抵抗し、この日だけで一四一人が逮捕された。

強制代執行は三月六日に終わったが、空港予定地内に建てられた空港公団成田分室前からダラダラとした斜面を下った谷底部分に第一、第二砦《とりで》（団結小屋）と農民放送塔、少し離れて第三、第四砦、背後の丘の上に第五、第六砦が作られ、それぞれの砦の中に地下壕が掘られた。砦の周囲には堀がめぐらされ、機動隊が近づくと山積みした古タイヤや古ゴムに火をつけたため、黒煙に包まれて砦が見えなくなるほどであった。

また反対する農民は立木や周囲に張りめぐらした柵にくさりで自らの身体を縛りつけて抵抗した。それはまさに「死守」という言葉そのものを感じさせる場面であった。

そうした大人たちに混じって白いヘルメットを被り、タオルで口元を覆った小中学生一四〇人から成る少年行動隊がスクラムを組み、「公団帰れ、公団帰れ」と大声でシュプレヒコールを繰り返した。彼らは同盟休校してデモに加わっていたのだが、マイクを向けると「もちろん学校には行きたいが、自分たちの育った土地が奪われようとしているのだから学校など行っていられない」、「同盟休校には加わらなくても応援してくれる友だちがたくさんいるからがんばれる」という大人顔負けの声が次々と返ってくる。

この子供たちのもとに二十六日の朝八時半頃、同盟休校している地元の小中学校校長らが学校に戻るよう説得にやってきた。しかし「怪我をするなというのではなく、怪我人が出ないようにガードマンにいって下さい」、「沖縄では先生がデモの先頭に立っているのに本土ではどうしてそれができないのですか」といわれ、そばにいた保護者たちからも「そんなに子供のことが心配なら一緒に守ってやって下さい」と詰め寄られて、すごすごと引き返さざるをえなかった。校長たちが姿を見せたのはその時だけだったが、私には一応説得だけはしたという空々しい行動にしか見えなかった。

機動隊に守られた公団側は力ずくで次々と砦を攻略していったが、立木に身体を縛りつけている学生ごと切り倒すという手荒なやり方であった。その模様を撮影していた日本テレビの粕谷カメラマンがその木の下敷きになり頭部に怪我を負う事態まで起きた。幸い大怪我にはならなかったものの、現場ではヘルメットを被っていてもいつ何どき何が起きるかわからないため、一日の取材が終わるまで気が抜けなかった。

こうして次々に砦を撤去したあと、今度はたくさんの地下壕を壊し始めた。中に農民が立て籠っているにもかかわらず、バックホーやユンボと呼ばれる大型の土木機械で強引に土砂をとり除いていくのだ。どのくらい奥まで続いているのかわからないが、大型機械が動くたびに壕の入り口は一時土砂に埋まってしまうのだ。私も壕の中に一緒に入ってその恐怖を体験しようとしたのだが、「それだけはやめろ」と同僚たちに必死におしとどめられて断念した。

しかし壕の中の様子については、実際に仲間とともに立て籠った北原事務局長がのちに「サンデー毎日」に寄せた手記からうかがい知ることができる。

「七月二十五日の午前五時頃、機動隊に守られた裁判所の執行官が砦の丘の上で執行令状らしきものを読み上げたが、我々の場所からは聞きとれなかった。しかし私は情勢を判断して壕に入った。入り口から約三〇メートル。

人一人がやっと通れるほどの壕の中は真っ暗ヤミだ。酸素が薄く息が切れる。

午後一時頃、ブルドーザーのうなりが伝わってくる。地下ではラジオが入らないし、ほかに連絡方法がないため外の様子はまったくわからない。二時……三時。撤去作業は荒々しく続いている。壕がゆれる。天井からさらさらと砂が落ちてくる。いつ落盤するか誰にもわからない。と機械音が止まり、説得班がマイクで『作業に邪魔になるからただちに出ろ』と繰り返す。

我々の答えは決まっている。我々を殺して工事を進めればいい。生命ある限り地下壕を守るだけだ。

説得をあきらめたのか、その後、午前〇時過ぎまで機械は動き続けた。酸素の欠乏で全員後頭部に痛みをおぼえ、足がしびれてきた。交代で入り口近くまで行き新鮮な空気を吸った。息を止めて水にもぐり、浮かび上がって口に一杯空気を吸った時のような爽快感であった。

作業は二日目も午前〇時過ぎまで続けられたが、三日目に今井栄文公団総裁が工事の中止を発表した。我々はついに勝利したのだ」。

結局、私は壕の中には入らなかったものの、その前で徹夜で話をした一人の青年の言葉が忘れられない。彼は砦の小屋が倒された際、その上にいたため肋骨を折り、ギプスをしているということだったが、「私だって日本人だからもし最初から日本酒の一本でもさげて頼むといわれていたら、こんなにも反対はしなかった。あまりにも非人間的な政府の態度が許せないのだ」といった。結局は政府が相手を見くびった結果なのだ。

繰り返される激しい衝突で負傷したのは、農民や学生ばかりではなかった。半年後の九月、二度目の強制収用代執行では再び公団側と反対同盟が激突し、警察官三人が命を落とす事態をひき起こした。こうしたことがあったにもかかわらず、工事は機動隊に守られながら進められたが、公団側が頭を悩ませたのは反対派が四〇〇〇メートル滑走路予定地南の民有地に建てた二基の鉄塔であった。

そのうちの一基は高さが六二メートルもあり、たとえ滑走路が完成したとしても離着陸できない飛行妨害鉄塔で完全に航空法に違反する建造物であった。この二基の鉄塔は一九七七年（昭和五二）の五月六日にようやく撤去できたが、これで開港に向けてのすべての条件が整ったわけではなかった。千葉港から空港まで四〇キロに及ぶ航空用燃料パイプラインの敷設が暗礁に乗り上げたのだ。通過予定地の千葉市および沿線の住民が難色を示したためで、七二年八月で工事は完全にストップしてしまった。

空港そのものが完成してもパイプラインがなければ航空機への給油ができない。事実上、開港の時期は燃料輸送問題にかかっていた。結局、一部を貨物輸送に切り替えたり、ルートを変更したりしなければならなかったため、この問題だけで一年余りを要した。

こうしてようやく一期工事が完成したのだがその裏でとんでもないことが起きていた。当時警視庁の警備一課長だった佐々淳行が現地を視察した時のことを明らかにしてくれた。一部でき上がっていた四〇〇〇メートル滑走路を視察するために走行中、先導していた千葉県警の車がスリップ、続いて佐々の乗った車もスリップした。一瞬、学生らが重油を撒いたと思ったそうだが、車を降りてみるとおびただしい数のミミズの大群であった。

結局は火炎放射器で焼き払ったが、厚いコンクリートで行き場を失ったミミズが地上に出てきたのだ。それは肥沃な土地である証拠なのだが、ジャンボ機が滑ったらどうなるかとぞっとしたという。その後、滑走路以外もすべて地上はコンクリートで固められたためミミズが出てくることはなくなったが、この事実は佐々から話を聞くまでまったく知らなかった。

激しい反対運動のため工事は大幅に遅れ、一九七七年にようやく完成し、八月七日と十日にB７４７型機を実際に飛ばして騒音調査飛行が行なわれた。これには地元住民一〇七二人も体験搭乗したが、その飛行後、十一月二十五日の閣議で開港日を七八年三月三十日とすることが報告され、二十八日に正式に告示された。さらに十二月二十一日にはＤＣ８型機とＤＣ10型機を使って一六回も離着陸訓練が行なわれた。

こうして開港に向けて着々と準備が進められたが、開港四日前の三月二十六日の午後一時過ぎ、管制塔近くのマンホールに潜んでいた学生が塔をかけ登り、管制室にあった管制機器をハンマーなどで目茶苦茶に破壊するという予想もしない事件が起きた。このため開港はさらに二ヶ月遅れ、改めて五月二十日とせざるをえなくなった。

ちょうど襲撃事件が起きた時、管制塔付近を上空からヘリコプターで撮影していたのが日本テレビのクルーであった。中継班の小林茂が管制室のカーテンが揺れているのに気づき、パイロットにもっと管制塔の方へ近づくよう指示したため、外部からではあるがその模様をカメラに収めることができたのである。当然日本テレビのスクープとなったが、警察からは事情を聞きたいという出頭命令が来た。しかし報道局長の行く必要はないとの判断でパイロットだけが事情を聞かれている。

こうしたさまざまな経緯を経て、二ヶ月遅れの開港日を迎えた。この日は記念式典だけで、航空機の離発着はなかった。翌五月二十一日に着陸した一番機は旅客機ではなく、午前八時八分着のサンフランシスコ発アンカレッジ経由の貨物便であった。旅客便の一番機はフランクフルト発モスクワ経由のＪＡＬ４４６便で午後〇時八分、第二サテライトの22番スポットに停止し、八二人の乗客全員に開港記念切手を貼付した搭乗記念証が渡されたが、厳しい入場制限のため華やかな出迎えはいっさいない淋しいものであった。この日はＪＡＬの一三便を含む二三便が到着しただけで、出発便は一便もなかった。出発便の一番機となったのは開港から二日後のグアム行きのＪＡＬ９４７便で午前九時、乗客一一一人を乗せて飛び立った。

成田空港はこうしてスタートしたが、当初の開港予定より五年遅れ、しかも開港に間に合ったのは東京シティ・エア・ターミナルと空港を結ぶ高速バスと上野―成田間の京成電鉄のスカイライナーであった。新幹線構想は成田空港にホームを作ったものの、実現しなかった。

成田空港の開港によって国際線の発着が減った分、羽田空港に余裕ができ、国内線の増便が可能になったが、仮に地方から羽田に着いても成田で国際線に乗り継ぐためにはさらに羽田から成田まで少なくとも三時間半の余裕を見ておかなければならなかった。こうした状況を見るにつけ、次第にふくらみ始めた疑問を佐々淳行にぶつけてみた。

――羽田が今になって次々と拡張されて行く姿を見ると、あの成田闘争は何だったのかと思うのですが。

佐々「おっしゃる通りです。私は最初から成田に反対でしたし、羽田の拡張工事を第一優先順位にすべきだというのが少なくとも当時の警備局内の意見でした。ベトナム戦争の最中でしたから横田基地を返せといえる状況にはなかったし、厚木基地だって返ってくる見込みはゼロでした。

仮に厚木が返ってきても都心まで遠すぎます。我々が問題にしたのは距離でした。外国から国賓が見えても行事はすべて東京ですし、天皇が出迎えるとしても成田は遠すぎる。さらに当時は京葉国道しかありませんでしたが銚子港から都心に鰯を運ぶトラックで慢性的な渋滞でした。また距離という点から霞ヶ浦も論外でした。

ただ国策として成田空港を作った以上、もうこれをなしというわけにはできない。今後は双方を併用しつつ、羽田空港を拡張すること以外にないでしょう」。

たしかに佐々のいう通りなのだが、羽田の拡張は当時本当に無理だったのか。

成田はこれ以上拡張できないからといって利便性の高い羽田が現にどんどん拡張され、国際便が増えていくのを見るにつけ釈然としない気持ちが残る。

第3章

東大安田講堂事件

1969年1月、学生たちがバリケードを築いて立て籠った東大安田講堂

一九六九年（昭和四四）一月十八日早朝、八五〇〇人もの機動隊員が東大の竜岡門から構内に入った。これは、学内を占拠する全共闘の学生たちとの意見の一致はもはや不可能と判断した東大当局が警察力の導入を決断し、十六日、警視庁に機動隊による構内のバリケード撤去を正式に要請したためであった。

構内に入った機動隊は午前七時過ぎから各学部施設のバリケードを次々と撤去し、学生らの激しい抵抗にてこずり、翌十九日の夕刻になって、やっと最後まで安田講堂に立て籠って抵抗を続けていた学生らを全員逮捕した。

これが東大紛争又は東大安田講堂事件と呼ばれる学園紛争であった。

しかしこの紛争は最初から全学的な闘争だったわけではなく、医学部だけの問題であった。発端は医学部を卒業してから、一年間インターンと呼ばれる研修を受け、その後国家試験を受けて正式に医師になるというそれまでの医師法を改正しようとしたことにあった。改正点はそれまでのインターン制度を廃止し、大学卒業後ただちに医師の国家試験の受験を認め、合格者には医師の資格は与えるが国家試験合格者は大学病院あるいは国が指定した病院で二年以上の研修を経たのち、本人の希望により病院長の証明書を国に提出すれば医籍に登録するというものであった。

この登録医制度に対して、卒業後の医師を二つの身分に分ける差別化だとして学生たちが反発し、昭和四三年一月二十七日に医学部の学生が全学大会を開き、二日後の二十九日から四年生の卒業試験ボイコットを含む無期限ストに入ることを決定した。そして医学部の学生・研修医の要求を医学部・病院当局が突っぱねてとり合わない間に、学生らが医局長を一五時間にわたってかんづめにして医師法の改正に反対するよう求める事件が起きた。

これに対して当局は退学を含む一七名の学生・研修医の処分を発表した。ところがそのうちの一名はかんづめ事件の現場にいなかったことが明らかになったことから学生らが激しく反発、当局と学生の対立は抜きさしならぬものに発展した。そしてついに三月二十八日、医学部全学共闘会議（全学闘）が安田講堂の玄関をぶち破って占拠したため卒業式典が中止され、卒業証書授与は学部ごとに行なうという異常事態となった。

また四月十二日の入学式は行なわれたものの、大河内一男総長は正面玄関ではなく、経理課の入り口から式場に入り、外のシュプレヒコールの中で例年の半分の長さの「告示」で終わるという異様さであった。しかしその後、六月三日に秘密裏に開かれた国立大学医学部長会議で「卒業試験や国家試験をボイコットした学生は大学病院には入れない方針が議論された」と伝えられ、学生たちは一層激昂した。

そして六月十日に事前通告したうえで十五日に医学部の約三〇名、他大学の学生約五〇名が再び安田講堂を占拠した。この占拠については医学部の内部でも批判が相次いだが、占拠する学生たちは応じなかった。そのため、ついに機動隊の出動要請が出され、十七日の午前四時三五分に約一二〇〇人の機動隊員らが竜岡門から構内に入って学生たちを排除した。

しかしこの機動隊の導入によって事態は思いがけない方向に転換した。学園の自治に国家権力が介入したとして医学部のみならずほかの学部の学生たちも一斉に立ち上がったのだ。事実上、六月の十七日を境にして東大の正常な授業は完全にストップし、医学部だけの闘争から全学部を巻き込んだ闘争へと大きく方向転換することになった。

学生たちの反発はただちに具体的な行動として現れ、六月二十日には法学部を除く九学部が一斉に一日スト、二十六日には文学部が無期限ストに突入、七月二日に新左翼系の学生ら二五〇人が安田講堂をバリケードで封鎖、五日に東大闘争全学共闘会議（全共闘）結成と矢継ぎ早であった。

そしてそのまま東大も夏休みに入り、さすがに人影も少なくなったが、八月十日、突然総長の「八・一〇告示」なるものが、休暇帰省中の全学生のもとに一方的に送られた。その告示は当局の最終的な考え方を示すものだとして次のような内容になっていた。

（一）三月二十八日の医学部の学生の処分については全学の学生に種々な疑惑を生んでいることを考慮して評議会の下に設けられる委員会で再審査するので結論が出るまで処分を発効以前の状態に戻す。
（二）機動隊の導入は大学の機能を速やかに回復するため必要であったが、今後機動隊の導入を避けるためには学生自身が学内の暴力行為を抑止することが何よりも必要である。
（三）大学の当面する諸問題を解決するための第一歩として大学問題を検討するため特別委員会を早急に発足させる。
（四）この最終決定の意味を充分考え、一日も早く、安田講堂その他の占拠、学部でのストライキという異常事態を克服してもらいたい。

これに対して学生側は次のように到底受け入れられないと反論した。

（一）については大学当局が処分の不当性をまったく認めようとせず「種々な疑惑を生んでいる」という曖昧な表現で単なる手続き上の問題にしようとしている。しかも再審査による再処分の権利を前提にしたもので追加処分を含めた一層露骨な弾圧をかけてくることがありうる。

（二）の機動隊導入の原因を学生の暴力行為に求め、再導入を避けるために一方的に抑制を求めるのは本末転倒もはなはだしい。

（三）については現在大学の自治として語られているのは学部教授会の自治にほかならず、その下での特別委員会はまったく意味がない。実効ある決定をなしうる協議形態は総長評議会と全学生との大衆団交以外にはありえない。

こうした内容の不充分さもさることながら、話し合いによるものではなく「告示」という一方的な形で当局側の最終決定が伝えられたことが、さらに学生たちの反発を買い、十月十二日には残る法学部も無期限ストに突入した。これは、東大開校以来初めての一〇学部すべての無期限ストであった。

こうした情勢に、十一月一日には大河内総長の辞任が東大評議会で承認されたほか、紛争の発端となった医学部の豊川前医学部長、上田前東大病院長が退官、一〇学部の学部長全員が辞任した。そして十一月四日に加藤一郎法学部長が学長事務取扱（代行）に選出されたが、全共闘は単なる首のすげかえとしか受け止めなかった。

しかし学生たちの前に姿を見せようとしなかった大河内前総長と違って、加藤総長代行は自ら事態の打開に動こうとする姿勢を見せたこともあって、十一月十四日には法学部が、十九日には工学部が、相次いで学生大会を開きバリケード封鎖に反対するという動きが出てきた。だがその一方で、あくまでも封鎖を続けようとする全共闘には他大学の活動家が多数加わるようになったため、東大だけの問題ではなくなり、学生同士が激しく対立するという新しい事態となった。

そのため、時として講内で乱闘が起きるほど大荒れの状態になってきた。十二月二十九日に文部省（当時）が突然、大学側の意向を無視して翌春の東大入試中止を発表すると、なんとしても入試を実施したい加藤総長代行はさらに積極的に動き、年が開けた一月十日に秩父宮ラグビー場で七学部代表との集会を開くなどした。しかしそうした努力にもかかわらず全共闘が封鎖を解こうとしなかったため、ついに一月十六日に加藤総長代行が機動隊の出動を正式に要請したのである。

その頃から私のテレビのリポート回数が急激に増えてきた。学生たちがセクトごとに大規模な集会を開くのは、決まって夕方の六時頃からであった。その時間帯は各テレビ局のニュース番組が集中していたため、示威行動をテレビを通じて誇示しようとしたのだろう。

一月の午後六時といえばもうすっかり暗くなっている。各局の中継用のライトに照らし出された青、赤、白など色とりどりのヘルメットで、安田講堂前は埋めつくされた。やがて集会が終わるとセクトごとにスクラムを組んでジグザグ行進が始まり、リポートする私の方に次々と迫ってきた。しかし私の目の前で必ず向きを変えていく。彼らの狙いはわかっていたので、恐怖感はまったくなかった。

しかしその数日前、夜間もテレビカメラを設置したままにしておいたところ、翌朝、カメラのズームで使う金属製の棒が盗まれてしまっていたので、技術スタッフは以後、中継車に寝泊まりせざるをえなくなった。

ついに一月十八日に機動隊が導入された。機動隊は午前七時から、まず医学部総合中央館と医学部図書館のバリケードを撤去、続いて医学部、工学部、法学部、経済学部などの施設の封鎖を次々と解除していった。そして残るは安田講堂だけとなったが、全共闘の一部と革マル派は、前日の十七日に兵力を温存するという理由で自主的に大学構内から脱出していた。そのため機動隊が包囲した段階で中に立て籠っていたのは、自分の大学の問題にもかかわらず東大生は一〇分の一程度で、あとは他大学の学生であった。

十八日の機動隊導入が事前にわかっていたために、日本テレビは前日のうちに安田講堂を目の前にした法文館の屋上に中継カメラを設置していた。

機動隊が安田講堂への本格的な封鎖解除にとりかかったのは午後一時頃。屋上に陣取った学生たちが、突入しようとする機動隊員目がけて火炎ビンを投げるため、なかなか正面玄関にたどりつけない。隊員は頭上の大楯で身を守りながら、何回も突入を試みる。そのたびに上から投げられる火炎ビンで次々に火の手があがった。

私は法文館の屋上から正面玄関の方を見ながら、実況中継していた。安田講堂から五〇メートルくらいしか離れていないうえ、時計台の方がはるかに高い位置にあるため、彼らが本気で我々を狙おうとしたら容易に届く距離であった。そのため私もヘルメットを被り、全神経をとぎすませながら実況していたが、彼らにとって貴重な武器である火炎ビンや石を我々報道陣に向けて使うつもりはなかったであろう。緊張感はあったものの、そう頻繁に石が飛んでくるわけではなかった。

そのうち、上空に大きなドラムカンのような容器をぶらさげたヘリコプターが飛来し、講堂の屋上目がけて中の液体をぶちまけた。中には催涙液が入っていたのだろうか、飛沫が私の立っている屋上にも届き、目を開けていられないほどの痛みが走った。講堂に立て籠る学生たちは当然そのことを予想していたのだろう。全員がタオルなどで覆面していた。

機動隊員は上からの火炎ビン攻撃をかいくぐってついに正面玄関にたどりつき、ただちに厚いバリケードの撤去にとりかかった。容易なことでは壊せないほど頑丈に作られていた。なにしろ突入はしたものの、機動隊が持っているのは大楯と木槌だけだったからだ。しかも屋上に通じる螺旋階段にもしっかりバリケードが築かれていたことと、予想以上に激しい学生たちの抵抗のため、午後五時四〇分に警備本部は作業中止を命令し、十八日の作業は終了した。

そして翌十九日、午前六時半から機動隊の封鎖解除作業は再開された。正面玄関右手のガラス窓のこわれたちょっとした隙間から、日本テレビの田口紘カメラマンがマスコミのトップを切って、機動隊員とともに建物の中に突入した。しかし中に入ってからが大変だったと田口はいう。

「今考えるとなんで入れたのか不思議だが、建物の一階は膝の上ぐらいまで水があった。一月だから靴に水がしみ込んで、あまりの冷たさに足がちぎれるんじゃないかと思った。それに催涙ガスがすさまじかった。機動隊員はマスクをしていたけど、私は何もしていない。涙が出てファインダーが見えないし、ピントが合わない。カメラマンにとって最悪の状態だった。マスクを持っていっていたらもっといい映像がとれたと思う。

一階から二階に上がる階段は全部バリケードだったが、こんなにもちゃんと作れるんだとびっくりしたのを覚えている。とうとう耐えきれなくなったので、本社に無線で『交代の人をお願いします。それにマスクと長靴を』とデスクに伝えると、『そんなところに交代など出せるわけがないだろう』と怒鳴られた。考えてみれば怒るのが当たり前の話だが、ついに我慢ができず三時頃外へ脱出した」。

その間も学生の激しい抵抗が続いた。ついに機動隊は二日目の午後三時五〇分に三階の大講堂を制圧、午後五時四六分に屋上で最後まで抵抗していた学生を検挙して、東大安田講堂の封鎖解除を終えた。逮捕者は安田講堂だけで三七五人にのぼったが、警視庁の予想をはるかに上回り、手錠が足りないほどであった。

ふと法文館の屋上から見下すと教室に電灯がついている。何ヶ月ぶりの灯であろうか。そこに温もりを感じて中継の最後のコメントにした。

そのあと水びたしの講堂内に足をふみ入れてみたが、階段のコンクリートの手すりは投石用に打ち砕かれ、椅子は見るかげもないほど壊されていた。私にとっては入学式や卒業式の思い出の残る講堂の、あまりにも惨憺《さんたん》たる姿にただ呆然と立ちつくす以外になかった。

結局この年の入試は中止されたが、紛争は東大だけにとどまらず、女子大を含む私立大学、一部は高校にまで及ぶ混乱ぶりであった。

第4章

よど号ハイジャック事件

1970年3月31日、ハイジャックされた日航機「よど号」

一九七〇年（昭和四五）三月三十一日、東京は彼岸を過ぎたとは思えない寒い朝を迎えていた。しかし絶好の飛行日和で、午前七時二〇分発福岡行きの日航機「よど号」はほぼ定刻通り羽田空港を飛び立った。

この旅客機ボーイング727型機は米国ボーイング社製の短・中距離用で、その後に誕生する大型ジェット機に比べれば小さかったが、当時としては世界の空を飛び回るベストセラー機だった。この日の乗客は幼児二人を含む一三一人で、満席であった。まだ搭乗口に金属探知機もない時代で、機内に持ち込む手荷物の検査もそれほど厳しくはなかった。このため数人の男性客が大きな筒状のものを機内に持ち込んでも、とがめだてはなかった。

羽田を発った「よど号」が東京湾上空で旋回して高度をとり、機首を西に向けて安定飛行に入った直後、江崎悌一副操縦士からコックピットに飛び込んできた二人の男に、「このままピョンヤンに行け」と脅されているという緊急連絡が入った。

「よど号」がハイジャックされたのだ。航空機を乗客もろとも乗っ取るハイジャックは一九三一年に南米ペルーの革命派が国内旅客機を乗っ取って以来、多発するようになっていたが、とくにパレスチナゲリラがパレスチナ解放闘争の政治的戦術として行なっていたものの、まさか日本で起こるとは誰も考えていなかったのである。

事件が起きた時「よど号」は横田のエリアを飛行中であったが、ここは米軍が管制するエリアだったため、横田だけでなく、東京の管制センター、それに当然日本航空にも緊急連絡は入っていた。その報せとともに航空自衛隊の小松基地、築城《ついき》基地、新田原《にいたばる》基地からF-86F戦闘機が次々とスクランブル発進し、「よど号」を追尾した。

一方、ハイジャックの報を受けて羽田にある日航のオペレーションセンターの中に急遽、対策本部が設けられ、私はただちにそこに向かうよう指示された。しかしその時すでに「よど号」は給油するため一旦福岡空港に降りること、今どの辺を飛行していて何時頃到着するのかという程度の発表しかなかった。日航でも機内の様子がいっさいわからないのだから仕方がなかったが、オペレーションセンターからはほとんどリポートのしようがなかった。それに福岡に到着してからは系列局の福岡放送のアナウンサーが、ソウルに到着してからは駐在の記者が伝えたので私の出番はほとんどなく、オペレーションセンターに詰めていながらいらいらした時間を過ごさざるをえなかった。

これほどの大事件に関わりながら直接取材できない無念さが残ったまま三〇年の歳月が流れたが、意外なことから事件の全貌を知る機会が訪れた。じつは江崎副操縦士と私は親戚関係にあり、ある宴会の席でたまたま隣り合わせになった際、自然に「よど号」事件の話題になり、改めてくわしく話をしてもらえることになったのだ。また石田真二機長をはじめ、クルーの方々にも会えることになったが、石田機長には大阪の居酒屋で、江崎副操縦士には自宅で、そのほかのクルーや乗客の方には喫茶店や職場などで話を聞いた。

それらの取材で得た情報は私が初めて聞くものがほとんどだったが、その全貌を順を追ってまとめておこうと思う。

「よど号」の乗員は戦争中に重爆撃機で主として東南アジアへの輸送任務にあたる一方、特攻隊員の夜間操縦訓練の教官も経験した機長の石田真二、副操縦士の江崎悌一、相原利夫航空機関士、スチュワーデスの神木広美、久保田順子、沖宗陽子、スチュワーデスの訓練生、植村初子の七人であった。

出発前、搭乗口で乗客を迎えたチーフスチュワーデスの神木は数人の男性客が大きな筒状のものを持っていたので「お預りしましょうか」と尋ねたが、「自分で持っているからいい」というのでそれ以上声はかけなかった。しかし製図を巻いて入れるような大きな筒で着席しても膝の上に載せたりしているので、よほど大事なものだろうと思ったという。

「よど号」が離陸し、シートベルト着用のサインが消えたため神木がお茶の用意をと立ち上がろうとした瞬間、短刀を持った男が立ちふさがり、持っていたビニールの洗濯用ロープで後ろ手に縛り上げた。神木は何が起きたかまったく理解できなかったが、ちょうどその頃操縦席では石田機長が操縦桿に機首がやや下がる手応えを感じていた。その時だいぶ機内で人が動いているなと思ったそうだが、じつは客室内で人が前後に移動するだけで機体の重心位置が変わり、それを操縦桿が敏感に感知するのだという。江崎も客席の方が騒がしいなと思っていた。

その直後、ロックしていないドアを開けて二人の男がコックピットに飛び込んできた。二人は相原と訓練生の植村を客室の方に追いやると抜き身の日本刀らしきものを振りかざし、「我々は赤軍派の者だ。機内は完全に制圧した。このままピョンヤンに行け」と大声でわめいた。よく見ると日本刀を持った手が小刻みに震えていて肚が据わっていないので抵抗するとバッサリやられると江崎は背筋が寒くなったという。

その間にも男たちは女性と子供を除いて男性客全員を後ろ手に縛り上げ、男性客を窓側に女性客を通路側に移動させた。乗客が逃げたり、抵抗したりするのを防ぐためだろう。

一方、コックピットでは石田、江崎と犯人たちとの間でこんな緊迫したやりとりが続いていた。

石田「ピョンヤンってどこだ」。

犯人「ピョンヤンを知らないのか。ピョンヤンはピョンヤン。北鮮のピョンヤンだ」。

石田はその言葉で彼らのいうピョンヤンとは普段日本人が平壌《へいじょう》と呼んでいる北朝鮮の首都であることがわかった。

江崎「そんなことをいっても、お前たちはどうやってピョンヤンに行くのか知っているのか。おれたちは行ったことがないんだから」。

犯人「名古屋から美保か米子の上空を通ってまっすぐ北に向かい、あとはレーダーで行けばいいんだ」。

このやりとりから江崎は、この男はどうやって飛行機が飛ぶのかまったく知らないなと感じた。レーダーで飛ぶというのは地上のレーダーが下から飛行機に対して方向を指示し、それに従って飛行するのであって、飛行機にあるレーダーで下を照らせばどこへでも行けるというものではないからだ。

そのあと江崎が「この飛行機は国内便だから、ピョンヤンに行くにしても燃料が足りない。とにかく予定通り福岡へ飛んで給油して、資料などもある程度集めてからピョンヤンに行くから」というと、この説明には説得力があったのか、ひとまず福岡に降りることに同意した。じつはどの飛行機も天候不良などで目的地に着陸できない場合を想定して、余分な燃料が積んである。

そこで、本当に補給なしでピョンヤンまで行くことはできなかったのか私が質問すると、江崎はこう答えた。「我々の常識からすれば不可能です。燃料だけなら多少の余裕がありましたからピョンヤンまで行けたかもしれません。そうではなくてピョンヤンの飛行場がどこにあるのか場所がわからなかったのです。航空図もないし、行ったことがないのですから。我々パイロットの常識としては行先の飛行場がどういうところにあり、標高はどのくらいか、滑走路の長さがどのくらいなのか、誘導してくれる無線の周波数も知らなければなりません。

天候も問題です。それらのことを知らないでそういう場所に行こうとする発想自体が湧いてこないのです。直接行くというのは自殺行為に等しいのです。常識としてはまったく考えられません。だから不可能だったのです」。

「ピョンヤンに行け」という犯人たちの要求をひとまず収めさせ、福岡に向かうことになった理由をそう説明してくれた。

「よど号」が福岡に着陸することが決まると、彼らは乗客に対して急に居丈高になった。

「乗客の皆さん、この飛行機は油が足りなくて予定通り福岡に着きますが、我々は福岡に飛ぶことを目的にしていない。給油し次第北鮮に向かうが、飛行場内にいる時に諸君が少しでも気勢をあげるようなことがあれば、我々は手製爆弾を持っているので断固として応ずる。我々は当然死を期しているし、爆死も覚悟しているので不審な挙動をしないように」。

なぜこのように克明な言葉がわかったかというと乗客の一人がカセットテープに録音していたから

だ。その方は私が取材に訪れた時にはすでに亡くなっていたためテープを回した理由はわからないが、テープの最初の部分がスチュワーデスのおだやかな声で始まっているところを見ると、事件が起きたから回したのではないことは間違いない。未亡人に聞かせてもらったそのテープは二時間で終わっているが、事件後の裁判の際も重要な証拠となっている。

こうして午前八時五九分に福岡空港に着陸すると、江崎は「急いで給油をしてくれ」と地上に要請した。すでに福岡県警本部長のもと発足したばかりの対策本部では、絶対に「よど号」を福岡から飛び立たせないという方針を決定していた。しかし赤軍派の一人がコックピットの燃料計を見ているため、まったく給油しないわけにはいかない。そこで普段やる自動ではなく、手動でわずかずつ行なうことにした。

給油が終わり次第、ピョンヤンに向けて飛び立ちたい江崎は、早急に航空地図を持ってくるよう要請した。やがて棒の先に取りつけられた一枚の地図がコックピットの窓から差し入れられたが、江崎が私にも見せてくれたのは、市販の地図帳からコピーしたとしか思えないただの朝鮮半島の地図であった。平壌の位置を朱丸で囲んであるだけのひどいもので、素人の私でもこれで飛べというのは無茶苦茶だと思った。

やっと給油を終えた「よど号」が滑走路に移動した午後一時三五分、突然機体前方の搭乗口のドアが開き、抜き身の日本刀を振りかざした一人の男が横付けされたタラップの上に姿を現すと、少し間を置いて子供を連れた母親と老人、あわせて二三人がタラップを降りてきた。女性と子供を降ろすことを犯人側が受け入れたためだが、降りてきた二三人を乗せたバスが機体のそばを離れると、再びドアは固く閉められ、午後一時五五分、「よど号」は突然滑走を始めた。その瞬間、滑走路上にいた車はくもの子を散らしたようにあわてて避けたが、この時機体の後方から一人の男が転がり落ちる姿が、各局のテレビカメラでもはっきりととらえられていた。

じつは対策本部では、燃料タンクのバルブを閉めて飛行できないようにしようとしていたのだ。転がり落ちたのはバルブを閉めようとした整備員だったが、失敗に終わった。しかしもし閉めることに成功していたら燃料が流れず、飛び立てたとしても途中で墜落していたかもしれない。事件後、そのことを知ったという石田も江崎もなんという馬鹿げたことをしてくれたのかと怒りを口にしている。

このフライトは石田の独断であったが、じつは日航が前年に出した「ハイジャックに遭遇した場合」の乗務員の服務規定には次のように明記してあった。「万が一ハイジャックされた時には、乗務員は小細工を弄することなく不法者の希望に逆らわないようにしなければならない」。もちろん石田も江崎もそのことは充分承知しており、その規定通りに対処しようとしていたのだ。その規定を守っていないのはどう見ても会社側であったが、この誠意のない会社の対応に、石田はこうなったら自分が判断せざるをえないと考えたという。

一方、乗客はこの時どう考えていたのだろうか。乗客の一人だった聖路加病院の日野原重明院長はその時の心境を院長室で次のように話してくれた。

「私らとしては、あまり赤軍派にうるさいことをいわないで、早く『よど号』を飛ばしてほしいと願っていたのです。たとえ北朝鮮に連れていかれても、命までは取られないだろう。『よど号』を飛び立たせるのを拒めば、彼らは飛行機を爆破する危険がある。そうしたら乗客は死んでしまう。だから早く飛び立たせてほしいという点では、我々も赤軍派も同じ気持ちだったんですよ。彼らが安全なら、我々も安全。ご無理ごもっともで、赤軍派の希望をかなえてほしいと思っていたのです」。

このように事件発生当初から《早く北へ》と希望する機内と《何とか阻止しよう》とする機外とでは、明らかに温度差があったのだ。

こうして「よど号」はピョンヤンに向けて福岡を飛び立った。しかし福岡で解決できると判断していた政府は大あわてであった。北朝鮮に安全を保障してもらわなくてはならないからだ。板門店の軍事委員会を通じて米国側から北朝鮮側に依頼してもらったり、日本赤十字社が朝鮮赤十字社に打電したり、あらゆる手を尽くしたが、北朝鮮側からの反応は何もなかった。念のため韓国に降りることもありうるかもしれないと韓国側にも頼んであった。

福岡を発って初めて食事が配られた。赤軍派がいっさいの差し入れを認めなかったため、機内食として用意してあった朝食用のサンドウィッチだったが、乗客の間にようやく少し落ち着きが見られた。いよいよピョンヤンに行けるというので赤軍派の連中もぐっと表情がやわらぎ、「まだピョンヤンまで時間がかかりそうですので、希望者には読み物を貸しましょう」といい出した。誰も返事をしなかったが、日野原院長だけが『カラマーゾフの兄弟』を借りた。五冊の文庫本だったが、一、二ヶ月抑留されてもいいようにわざと大作を選んだという。日野原院長の記憶力はすばらしくこの時赤軍派が挙げたたくさんの書物の名前や音楽にも造詣が深く、機内に流れていた音楽の題名までよどみなく次から次へと出てくるのには驚いた。やはり医者ともなると冷静なんだと感心した。

後日、乗客の一人が「ハイジャックってどういう意味だ」という質問にたいして赤軍派が答えに窮していた時、「私が答えてあげるから縄をほどいてくれ」と手を挙げ、「追いはぎみたいなことをするのがハイジャックで、飛行機ならそれを乗っとることだ。ハイジャックする奴がハイジャックの意味ぐらい勉強しておいてほしいね」といって客室が爆笑に包まれるほど肚の据わった人でもあった。

天候も良く、「よど号」は順調に飛行を続けていたが、その航跡は当然防衛庁や韓国空軍のレーダーでも捕捉されていた。「よど号」は三八度線をかなり越えた江陵《こうりょう》の沖合上空で西に進路を変えた。そのまま進めばピョンヤンに到着するはずであった。

とその直後、思いがけないことが起きた。迷彩色を施した戦闘機が「よど号」の右側に現れたのだ。江崎は胴体のマークからすぐに韓国空軍の戦闘機であることがわかったそうだが、北朝鮮領内に入ったはずなのになぜ韓国の戦闘機が飛んでいるのか理解できなかったという。江崎は三八度線を越えないうちに西に進路をとってしまったのかと思ったそうだが、韓国と北朝鮮の国境は三八度線ではなく、休戦ラインに沿っているため、実際は朝鮮半島の東側はかなり北まで韓国領なのだ。北朝鮮に行ったことのない二人はそれを知らず、しかも渡された地図には国境も休戦ラインも描いていなかった。

そのうち「こちらはピョンヤンの進入管制です」という管制官の声が飛び込んできた。石田は北朝鮮にしてはずいぶん流暢な英語だと思ったそうだが、当時のボーイング727型機には自機の現在位置を示す装置がついていなかったため、誘導されるまま飛ぶ以外になかった。そして着陸したのが韓国の金浦《きんぽ》空港であった。午後三時一八分、福岡を離陸しておよそ二時間二〇分経っていた。

江崎はそれまでに一度来たことがあったため、すぐに金浦空港だとわかったが、石田は初めてであった。ずいぶんアメリカナイズされた空港だなと思ったそうだが、やがて尾翼の赤いノースウェスト機が停まっていたのを見てピョンヤンでないことがわかったという。

しかし空港ビルを見ると若い女性が二〇人ほど花束を持ち、北朝鮮風の原色がかったチマチョゴリ姿で待っている。ピョンヤンに着いたと有頂天になっていた赤軍派はすぐに降りる準備を始めたが、後ろの方にいて窓の外を見ていたメンバーの一人が突然、「ここはピョンヤンではない。シェルのタンクが見えるし、飛行機もアメリカ製だ」と叫んだ。

この男はプラモデルが大好きで飛行機の種類に詳しかったのである。あわてた赤軍派の一人がコックピットの窓から身を乗り出すようにして近づいてきた空港の職員らしい男に声をかけた。「ここはピョンヤンか」「はい、ピョンヤンです」と答えると、「ピョンヤンだというのなら金日成主席の写真を持ってこい」と迫った。北朝鮮の空港ならどこにも金日成主席の写真が飾られているが、金浦空港にあるはずがなかった。しかしその男性職員がうっかり「まもなく大使が見えますからお待ち下さい」と口をすべらせたのが決定打になった。国交のない北朝鮮に日本の大使がいるわけがないからだ。

赤軍派の男たちは「騙したな」とわめき出したが、彼らの一人が同じレシーバーで管制官とのやりとりをすべて聞いていたのだから、石田や江崎に怒りの矛先を向けても仕方がなかった。リーダー格の男はただちに乗客に向かって、「我々は騙された。危うく日本政府と韓国政府の罠にはまるところだったが、こうなった以上、この場所に一週間、一ヶ月留め置かれようとも北に行くという目的は達成する。抵抗する者には徹底的に制裁を加える」と声を張り上げ、やっと解放されると思ってホッとしていた乗客は一気に奈落の底に突き落されたような気分だったという。

じつは私もこの事態にはほとほと困った。機内の様子はその後のクルーや乗客のインタビューでわかったが、金浦空港着陸後、韓国側がどう動いたかは韓国の要人に取材しないとわからないからだ。そこに救いの女神が現れた。親しくしていた在日韓国人の女性が私の希望を聞き、幅広い人脈をたどって、当時の韓国国防部にいた丁来赫《チョンネヒョク》長官へのインタビューの約束をとりつけてくれたのだ。

当時の韓国は北との間が極度の緊張状態にあったため、六つある空港はすべて軍が管理していたのである。したがって金浦空港も丁長官の指揮管理下にあり、当然「よど号」事件でもすべての指揮をとっていたのだから、取材対象としてこれ以上の人はいない。長官からは二〇〇一年（平成一三）三月三十一日の午後三時に、ソウルのホテルで会いましょうと約束し、通訳を頼むつもりでその女性と一緒にソウルへ向かった。もちろん初対面だったが、がっちりした体格の丁長官は元軍人らしい風貌で歳よりずっと若く見えた。ところが、最初にあいさつを交わした途端にびっくりした。じつに流暢な日本語だったのだ。聞けば十六歳から二十歳まで日本の陸軍士官学校で学んだということで、通訳を介する必要はまったくなかった。

最初になぜこの日時を指定されたのか尋ねると、三月三十一日の午後三時は「よど号」が金浦空港に着いた時間だったからだという。わざわざその時間に合わせてくれた心憎いばかりの配慮に、冒頭から温かい人柄にひかれるインタビューになった。

丁長官はわざわざ持参してくれた当時のメモを見ながらてきぱきと質問に答えてくれたが、「よど号」の金浦空港着陸について「韓国側は事前に知っていて準備していたのか」と尋ねると意外な言葉が返ってきた。

「事前には何も知らないし、私はいっさい偽装工作を指示していません」。

丁長官は大統領府である青瓦台にいる時に「よど号」が突然進路を変えて南へ向かっているという報告を受けて空港へ向かったほどである。

丁長官が空港に着いた時にはすでに「よど号」は着陸しており、偽装工作のための混乱が始まっていたが、最初は何を騒いでいるのかさっぱりわからなかったという。ただ丁長官は事前に、「よど号」が北朝鮮に向けて飛び立っても航行を妨害しないことと、韓国内に着陸したいと連絡があった場合は着陸に協力することという命令は、全軍に出してはいた。だが、誘導するようにという指示はいっさい出していない。

その頃、羽田のオペレーションセンターでは長野運航基準部長が連絡用のインターホーンを通じて石田機長には伝えてあったと得意気に会見していたが、石田も江崎も日航側からそのような指示はいっさいなかったとのちに否定している。また「なぜ『よど号』が急に向きを変えたのか」という質問に長野部長は、防衛庁からの情報だと断わったうえで北朝鮮の対空砲火があったからだと説明したが、その後どんなに調べてもそのような事実は確認できなかったし、北朝鮮の朝鮮中央通信は「デマであり、北朝鮮の威信と名誉を著しく傷つけた」と激しく反発した。

こうなると、いったい誰が金浦空港に「よど号」を降ろしたかである。誰の指示もなく飛行機を誘導して降ろせるとしたら管制官しかいない。丁長官も同じ見方をしていたが、この時、丁長官が調査した限りでは特定できなかった（じつはそれから数年後、自分が独断で誘導したという一人の管制官が名乗り出ているが、私の取材した時点ではわからなかった）。

日本政府の指示でその日の夜韓国入りした山村新治郎運輸政府次官はのちに「北朝鮮領空を飛んでいる飛行機がピョンヤンを呼んでいたらこちらピョンヤンだと応答し、金浦空港に誘導してしまえばいい。それが北朝鮮の飛行機ならそのまま捕まえてしまえばいいのだ」という話を耳にしたと語っている。韓国ではその前年、大韓航空機がハイジャックされ、北朝鮮に着陸させられるという事件があり、機体はもちろん、乗客乗員の一部がいまだに帰ってきていないという状況にあっただけに、管制官が独断で実行したとしてもありえない話ではなかった。

そうした情勢であるうえ、陸軍士官学校時代に薫陶を受け、恩義を感じていた丁長官は何とかして日本人を救って恩返ししたいという気持ちが強かったという。そこで丁長官はただちに行動に移り、偽装工作は無用な混乱を招くだけだとして中止させ、「お前たちが乗客をおとなしくただちに降ろせば、行きたいところに飛んで行けるようにする。そうしなければ、お前たちは何日でもこの場所から離れることはできない」という自ら作成したメッセージを管制塔を通じて無線で伝えた。

しかし騙されたといきり立つ赤軍派はそれを無視し、逮捕しようとすれば自爆すると繰り返すだけでその日は暮れてしまった。

時計が回った四月一日の午前〇時過ぎ、自ら乗客の代表だと名乗る男性が金山政英駐韓大使と直接話がしたいと操縦席の無線を通じて話しかけた。

「男たちは、金浦空港での韓国政府のやり方は福岡空港での日本政府のやり方とまったく同じで信用できないと激昂している」と客室の様子を説明したあと、「ここで降ろしてもらえるなら幸いだが、まず期待できない。このまま金浦空港で最悪の事態を迎えるより北朝鮮に連れていかれた方が、たとえ長期間抑留されても生命の安全だけは確保できる。これ以上説得を続けると危険な状態になりかねない」と強く北朝鮮行きを望んだ。

そこで金山大使自らが「よど号」に乗り込んで犯人たちを説得したいと申し出たが、丁長官は大使本人が拉致されたらさらに困難な事態になると、その申し出を認めなかった。

しかし前夜ソウル入りした山村次官が、乗客を降ろしたら犯人たちが希望するところへ飛び立たせてやってほしいと懸命に説得した結果、韓国側もようやく折れ、その線で進めることになった。朴正熙大統領からも、「彼らが万が一にも時限を定めて最後通告してきた場合には、金山大使とよく相談するように。そして、どうしても「よど号」を飛び立たせなければならない時には夜中でも構わない」という指示があった。

あとはどうやって乗客を降ろすかだが、前年に北朝鮮のハイジャック事件が起きてまだ全員が帰国していないこともあって韓国内にはピョンヤンに行かせろという意見もあったが、もし連れて行かれたらどんな目にあうか日本人はまるでわかっていないという世論が高まっていた。

北に対する日韓両国民の認識のずれが、事件の解決をむずかしくしていたことは間違いない。しかも日本の新聞各紙の論調が韓国の対応に矛先を向けていたことも、それに輪をかけていた。赤軍派が食物の差し入れを拒否しているのに、まるで韓国側が故意に食事を与えないかのような記事まであった。これに対して朝鮮日報が「日航機の乗客のために労を費やしたのに、相手の立場をまったく理解しない日本人の根性が明るみに出た」という記事を載せるほど、日韓両国の世論の溝は深まるばかりであった。

そしてとうとう二日目の午前、青瓦台で首相を中心に開かれた会議では、「日本政府が繰り返し、我が国に感謝の気持ちを伝えてきているのに、日本のマスコミはまったくそのことを報じようとしない。我が国の立場を理解するよう日本政府からマスコミに働きかけてもらう」ということを決めたほどであった。

ついに、丁長官が自ら管制塔に上がって最後通告を行なった。

「韓国は人質の釈放を実現するために人道的見地に立って、忍耐にも忍耐を重ねてきたのだ。飛行機を離陸させるかどうかは韓国が決めることであって、日本から要請があっても最終決定は韓国がする。諸君の非人道的行為を、韓国としては絶対に認めるわけにはいかない。――乗客を早く釈放しなさい。そうすれば北に行かせる。乗員だけでも充分な人質ではないか」。最後通告だといわれたところで、無条件で乗客を解放するわけにはいかない赤軍派も打つ手がなかったが、そのあと思いもよらぬ展開が待っていた。

山村次官が、自ら乗客の身代わりに人質になるといい出したのだ。しかし韓国側は、そんなことをすれば韓国政府が問題を解決できず、日本の現職の国会議員を人質にまでしてやっと解決したことになると猛反対した。ところが山村次官は、赤軍派との交信の中で自ら人質になることを直接彼らに提案してしまった。この提案は、彼らにとっては渡りに舟であったのだろう。しばらく彼らだけで協議した末、条件つきで受け入れた。

久しぶりに自宅で夕食をとっていた丁長官は訪ねてきた山村次官らからその話を聞き、きわめて不愉快だったと、その時の気持ちを語ってくれた。じつは丁長官もそれが最後の切り札の一つかもしれないと思っていたそうだが、それはあくまでも日韓双方で持ち出す時期を充分に検討してからだと思っていたからだ。丁長官は、両国で協議しながら事件を解決するという合意が一方的に踏みにじられたように思ったと、その時の胸のうちを語っている。

しかし、犯人側に提案してしまった以上実行する以外にない。ところが彼らはここへ来て、提案を受け入れる条件は山村次官が本人かどうか確認することだとして、新潟県選出の社会党の阿部助哉代議士をソウルに呼ぶよう要求してきた。これはリーダー格の男が新潟県出身で、阿部代議士のことを知っていたからだが、わざわざソウルまで来た阿部代議士が保証してやっと山村次官が乗客と入れ替わりに人質になることが正式に決まった。

ついに、ソウル空港での四日目。乗客の解放される時刻が迫ってきた。出発までの間、別室で待機していた山村次官に丁長官が話相手をしていたが、山村次官は「韓国政府は本当によくやって下さいました。心からお礼をいいます」と涙をはらはらとこぼした。丁長官はその時「勇気があっても、やはり山村次官も涙もろい一介の弱い人間なんだ」と思ったという。

最初に解放されたのは前半分の席に座っていた乗客だったが、その中にいた日野原院長は「飛行機は地上に停ったままだったのに、地球に帰ったなあという感じだった。月探査機アポロの宇宙飛行士が帰還して大地を踏んだ時と同じ気持ちじゃなかったかなあ」と感想を述べている。

このあと犯人の一人が降りたところで、山村次官が機内に入る。次に乗客一人を残して後ろ半分の乗客が降り、最後にその一人の乗客と地上の犯人がタラップの中央ですれ違い、乗客は全員解放された。乗客たちはそのまま空港の貴賓室に案内されたが、そこには日本側から橋本登美三郎運輸大臣、金山駐韓大使、松尾静磨日航社長らが、韓国側からは丁長官、白善燁《ペクソンヨプ》交通部長官らが顔をそろえ、乗客一人一人に「お疲れさまでした」と声をかけていた。

乗客が落ち着いたのを待って、丁長官が「非常にむずかしい状況のもとで一人の事故もなく無事に全員降りたことに、慶賀に堪えない」と慰労の言葉を述べ、さらに「この国には自由があるが北にはない。皆さんがピョンヤンに行ったら、政治的に利用されるだけだ。そんなところへ皆さんを送ることは、絶対にできない相談だったのです」と流暢な日本語で、なぜピョンヤンに行かせなかったかを説明した。しかし乗客の反応は冷たかった。

「我々には関係のない話だ。犯人たちのいう通りにすぐ北に行かせていれば、こんなに苦労しなくてすんだものを」といわんばかりの乗客の表情に、非人道的だと報じた日本のマスコミと同じだなと、丁長官は思ったという。「誰一人お礼を言ってはくれませんでした。皆さんを釈放するためにしてきた数日間の努力の結果がこれなのかと思ったら、なんとも淋しくなりました」という丁長官の言葉に、私まで申し訳ない気持ちで一杯になった。

中には「機内では赤軍派の一方的な情報だけが交渉経過を知る唯一のニュース源だったから、赤軍派のいうことがもっともだと思えましたが、こうして日韓政府のとった処置を聞くと仕方がなかったと思わざるをえません。何ごとも一面だけで判断することがいかに危険なことかを知らされました」と答えてくれた乗客もいた。帰国後、お礼状とともにネクタイを贈ったのは日野原院長だけであった。

乗客が全員解放された直後、丁長官のもとに朴大統領からねぎらいの電話が入ったが、「乗客の安全を考えればできないことでしたが、非人道的な奴らをどうしても引っ捕えたかったので悔し泣きした」という。

乗客と一緒にスチュワーデス四人も降りたため、機内には石田機長、江崎副操縦士、相原航空機関士の三人のクルーと身代わりとなった山村新治郎運輸政務次官、九人の赤軍派の合わせて一三人だけとなった。ソウルを離れる以上、機内の様子は再びクルーの証言によるしかない。

こうして出発準備は整ったものの、一時間ごとにしか入ってこない気象情報によると、ピョンヤンの天候は良くない。一時間待ってみたものの、さらに悪くなっていた。江崎は、時間的余裕があった方がいいし、もう一泊してと思い始めていた矢先の午後六時四分、「行くぞ」という石田の声にびっくりした。ピョンヤンまで一時間あまりを見ておかなければならないが、多少日が長くなったとはいえ、フライトできるぎりぎりの時間だったからだ。

しかし、機長の指示は絶対だ。江崎はもしかしたら戦時中にピョンヤンに行ったことがあるので、この時間でも自信があるのかもしれないと思ったが、石田の思いはじつはまったく別のところにあった。多少天候が悪くても、北の領空に入れば必ず誘導してくれるはずだし、一刻も早くこの連中を降ろして、こんな面倒なことは終わらせたいという気持ちが強かったのだ。

出発にあたって石田には、韓国側から離陸の三つの条件がつけられていた。

(一) 金浦空港を離陸したら二度と韓国領内に着陸しないこと。
(二) 離陸後は進路を東にとり、公海上まで出ること。
(三) それ以降はどこへ行こうと韓国政府としてはいっさい関知しない。

ソウルからピョンヤンの間はまっすぐ飛べば二〇分ほどしかかからないが、厳しい敵対関係にある韓国としては、あくまでも不法侵入として国外退去処分にしなければ国内世論が収まらなかったのである。しかしそのような処分をいい渡す一方、丁長官はピョンヤンに降りられず福岡に戻らざるをえない場合も考えて、一万ポンドの追加給油を命じている。そこにも、犯人たちに激しい怒りを覚えながらも細かな心くばりをする丁長官の人間的な温かさが読みとれる。

「よど号」は飛び立ったものの、依然として石田の手元には、福岡空港で渡された朝鮮半島の地図しかない。韓国側にはピョンヤンまでの詳細な地図はあっただろうが、国外退去処分の「よど号」に渡されるわけがなかった。

出発前から相原は、石田から客席で縛られたままになっている山村次官の面倒を見るようにいわれていたが、乗客がもう一人もいないにもかかわらず、身代わりになった次官を縛っていることに激しい怒りを覚えていた。相原には縛られながらも山村次官は落ち着いているように見えたが、内心はまったく逆だったようだ。山村次官が亡くなっている以上、本人の口から直接聞くことはできないが、帰国後に地元で開かれた報告会で、その時の心境を次のように述べた記録が残っている。

「一〇〇人もの乗客を降ろさなければならないという気持ちで一杯だったので、怖くもなんともなかったが、ドアが閉まった途端におれはいったいどうなるんだろうという気持ちで一杯になりました。ワーッと大声をあげたくなるほどの恐怖感にかられました。しかし待てよ、おれは一〇〇対一の勝負に勝ったんだ。おやじには地獄で会うか、極楽で会うか知らないけれど、たぶんよくやったとほめてくれるだろう。

これでいいんだと思い直したんです。ただどうやって立派に死んでやろうかということばかり考えていました。飛行中にピストルを発砲して壁でも破れたら自分たちも死んでしまうから、殺すなら日本刀だろう。目を開けて一喝して殺されてやろうか。それとも目をつぶってひと言も発しないで殺されてやろうか。どっちが立派だろうと、それぱかりが頭にあり、妻子のことさえまったく思い浮かびませんでした」。

山村新治郎はこうまで悲壮な覚悟を決めていたのだが、あれほど居丈高だった赤軍派は今度こそピョンヤンに行けるとあって急におとなしくなり、山村次官の縄をほどくと、呼び方も「お前」から「先生」に変わっていた。そしてそばにいた相原によると、彼らは問わず語りに自分たちの行動について語り始めた。

それによると、彼らは北朝鮮で武装訓練を受けたあと日本に戻って革命を成し遂げようとしていること。最初から「よど号」を狙ったのではなく、数日前に実行しかけたが、遅刻者が出たのでやり直したこと。最初、乗客を後手に縛っておきながら途中で合掌手に縛り直したのは、抵抗さえしなければ安全なんだ、北にすぐ向かわせないのは日韓両政府がけしからんからだという意識を植えつけるためだったと述べ、差し入れの弁当を先に乗客に食べさせ、自分たちはその後もしばらく食べなかったのは弁当の中に睡眠薬などが入っていないかどうかを見るためだったことなど、乗客が知ったら激怒するだろうということをむしろ誇らしげに述べたてた。

そのあと、山村がなぜわざわざ阿部代議士を呼んだのか尋ねた。彼らは「先生が政務次官だと名乗って人質になるといわれても、信用していませんでした。今の政治家で命を捨てるという馬鹿なことを本気でする奴がいるはずがない。どうせ日本政府が借金でにっちもさっちもいかなくなった男に、借金を肩代わりしてやる代わりに政務次官ということにして人質になってくれと持ちかけたに違いない程度にしか思っていなかったのです」とむしろ得意気に語ったというが、今は亡き山村はどんな気持ちで聞いたのであろうか。

このあと彼らはとんでもない行動に出た。山村が機内に持ち込んだ大きな唐草模様の風呂敷包みに目をつけたのだ。中には山村夫人が大急ぎで詰めて秘書に届けさせた、たくさんの下着類が入っていたのだ。ピョンヤンに簡単に行けると思っていた彼らは、着替えはもちろん洗面道具さえ持っていなかった。山村の「好きなだけ持っていけ」という返事を聞くやいなや、奪い合うようにして全部持っていってしまった。しかし山村が「持っていくのは構わないが、お前たちがやったことまで許すわけにはいかない。みんなに大変な迷惑をかけたことをよく考えろ」というと、彼らは目を伏せて何も答えなかったという。

「よど号」はソウルでの指示通り、公海上に出てから北上し、充分な距離をとってから今度こそ北朝鮮領内に入ったにもかかわらず、スクランブルはないし、どんなに呼んでも応答がない。石田には、どう考えても北朝鮮が着陸を拒んでいるとしか思えなかった。悪天候とあって、夜の闇はかけ足で迫っていた。

石田が福岡に戻らざるをえないと考え始めていた矢先、ちらちらと町の灯りが見えてきた。小さな滑走路らしいものも見えてきたが、ピョンヤンの飛行場にしては小さすぎる。もう少し探してみようとしたが、誘導してくれない以上、有視界飛行の限界だった。ついに石田は、その小さな飛行場らしい滑走路に強行着陸する決断をした。その時の心境を石田は、「乗客が乗っていたら絶対に降りませんでした。もしかすると、機体がバラバラになってしまうかもしれないとは思いました。山村さんには大変申し訳ないが、九人の赤軍派が死のうがどうなろうが知ったことではないと思っていたのです」と語っている。

石田は胴体着陸ではなく車輪を出しての正常な着陸を試みたが、構造上弱い前輪にできるだけ負担をかけないように、機種をやや上げるように操縦桿を操作した。車輪が滑走路に触れた途端、シートベルトをしていても身体がちぎれてしまうほどの衝撃で、相原は車輪が吹っ飛んでしまうのではないかと思ったという。戦時中、特攻隊の夜間飛行訓練の教官まで務めた石田の、見事な操縦であった。

江崎にいわせれば、羽田空港の場所がわからなくて調布の小さな民間飛行場に大型ジャンボ機が降りたようなものだというが、じつはこの空港は旧日本軍が簡易舗装で作った美林《ミリム》という訓練用の飛行場で、正式なピョンヤン国際空港は四〇キロも離れた順安《スナン》にあった。

ところが、ついに念願の北朝鮮に着いたというのに、赤軍派の連中は降りようとしない。江崎が「どうしたんだ」というと、「怖い」と尻ごみする。それを見て江崎は、彼らが事前に北朝鮮側へ何一つ連絡しておらず、許可も得ていないことを知った。「よど号」に誘導がなかったのも、彼らが招かれざる客だったからなのだ。

やがて機関銃を持った男たちが姿を現し、全員バスに乗せられた。持っていた武器は滑走路に並べるよう命じられたが、手斧だけが本物で、日本刀などは精巧な玩具であった。

バスで走ること三、四〇分。大きなホテルの玄関に着くとすぐに全員がロビーに連れていかれ、座るやいなやいきなり尋問が始まった。三人のクルーは「どうして入ってきたのか」と詰問され、「ハイジャックされ、犯人たちに脅されてやむをえず入国した」と答えた。山村は「職業は」と聞かれ、「国会議員です。運輸政務次官です」と答えたが、理解してもらえなかった。北朝鮮にはそのような職業は存在しなかったからだ。その後も続く厳しい尋問に、四人とも少なくとも数年帰国できないだろうと覚悟した。

続いて赤軍派の尋問が始まったが、リーダーの田宮高麿が自分たちの同時革命論をとうとうとまくしたてると、「もういい」と話をさえぎり、「結局何がいいたいんだ。残りたいのか、日本に帰りたいのか」と質した。田宮が「しばらくお世話になりたいと思います」と答えると、すべての尋問が終わり、「全員が不法入国者だ」と厳しい口調でいい渡された。

ところがそのあと一三人が案内されるままにホテルの宴会場に入ると、豪勢な料理が用意されていた。厳しい尋問のあとだけに全員がそのギャップに信じられない気持ちだったが、席についた赤軍派のテーブルから「機長ご苦労」という言葉が飛ぶと、腹に据えかねていた江崎は「馬鹿野郎、いい加減にしろ」と怒鳴り返した。結局、四人が赤軍派の顔を見たのはこの席が最後であった。

ちょうどその頃、解放された乗客らを乗せた「ひだ号」は、福岡空港で四五人を降ろして羽田空港に着陸していた。ロビーは四日ぶりの家族との再会に喜びにあふれていたが、その中には浩宮（今上天皇）の御養育係だった浜尾実侍従の姿があった。神父である実弟が長崎に出向くため「よど号」に乗り合わせ、事件に遭遇してしまったのである。

疲れ切った四人が目を覚ました時にはすでに赤軍派の姿はなかったが、前夜に続き午後から本裁判を開くといわれ、四人は大きな部屋に連れていかれた。正面には裁判官らしい男たちがすでに座っていたが、突然、江崎と相原は外へ出ろといわれた。江崎は刑の重さで二つのグループに分けたのかと思ったのだが、外へ出ると「二人で飛行機の出発の準備ができるか」と尋ねられた。

二人は「もちろんできます」と答えたが、昨夜着陸した美林空港に着いて腰を抜かさんばかりに驚いた。「よど号」が大きく傾いていたのだ。簡易舗装の凸凹の滑走路に開いた穴に、車輪の一つがはまってしまっていた。主翼が地面に接触していたら、もう飛ぶことはできない。ただ、二人が一時間かけて機体の隅々まで点検した結果、幸い異常はなかった。しかし、さらに大変なことがもち上がっていた。この飛行場にはスターターがなかったのだ。スターターがなければエンジンはかからないから、もちろん離陸できない。

遠く離れた順安の国際空港にはあったが、それはソ連製の飛行機用で、アメリカ製のジェットエンジンを積んだ「よど号」では規格が合わない。途方にくれていた二人を助けてくれたのは、北朝鮮の技術者たちだった。徹夜の作業で、とうとう飛べるようにしてくれた。

一方、あとに残った石田と山村に対する本裁判は予定通り行なわれた。朝鮮中央通信はその裁判の模様をおおよそ次のように報じている。

——問　あなたは共和国政府の許可なしに我が国の空港に着陸したが、国際法に照らしてどのように処罰されるか知っているか。

石田　もちろん知っているし、私は確かに法を犯した。

山村　そちら側が「よど号」受け入れを事前に同意していないという以上、私も法によって罰せられるのは当然だと思っている。

――問　それではあなたは学生たちの問題が解決するまでは、当地にとどまる用意があるのか。

山村　率直にいえば日本に送って頂ければ大変ありがたいが、貴国がそういうなら私はとどまります。

――問　機長、あなたは朴政権に騙されたのか。

石田　そうだ。機内には判断の材料が何もないのだから、そうせざるをえなかった。しかし日本の国内問題を貴国に持ち込んでご迷惑をおかけしたことを、大変申し訳なく思っている。

――問　共和国と学生たちの間に事前に接触があったという報道が無根拠であることを認めるか。

山村　率直に認める。

――問　ピョンヤンで一夜を過ごした今、考えていることは何か。

山村　日本の国内問題を貴国に持ち込んだことを改めて深くおわびするとともに、我々に示された寛大な心遣いに心から感謝します。

じつはこの裁判が始まったとほぼ同じ時刻に、平壌放送が臨時ニュースで次のような声明を伝えた。

「日本当局は日本の左翼学生による旅客機拉致事件を日本領内で解決せずに、南朝鮮の金浦飛行場で茶番を演じたあげく、事前の予告も同意もなしに飛行機を送り込んできた。我々は彼らについて何も知らないし、彼らを招いたことも歓迎するといったこともない。

これこそ言語道断であるが、彼らが二度と日本に帰らないといっている以上、我々は決して日本の警察の役割を代行することはできない。しかし国際法と国際慣習を尊重している我が国は人道主義的措置に従って日本航空機と飛行士および人質として連行されてきた政務次官は四月四日の午後、朝鮮民主主義人民共和国北半分領から飛び立つであろう」。

平壌放送が本裁判の開始時刻とほぼ同時に伝えていることから、この決定はすでに裁判前に決まっていたと考えられる。本裁判の判決はまさにそれに則ったものであったが、山村は「ありがとうございました」と目を潤ませ、石田も「私は従来の貴国に対する考えを改めなければなりません」とそろって深々と頭をさげた。ただ石田は、北朝鮮に残る意志があれば許可するといわれたそうだが、もちろん丁重に断わった。だが、なぜ自分だけそういわれたのかわからないと首をかしげた。

それにしてもなぜ北朝鮮がこんなに早く「よど号」を飛び立たせようとしたのだろうか。じつはこの日の午後、北朝鮮訪問のため中国の周恩来首相の特別機が順安の国際空港に到着することになっていたのだ。これは私の推測だが、ほとんど入れ替わる形で「よど号」を飛び立たせていることから、国を挙げて大忙しの中で「よど号」のことなど構っていられなかったのではないかと思う。

結局、ピョンヤンに残ることになった赤軍派については、その後も北朝鮮は「世界同時革命のための根拠地論などは赤軍派の主張にすぎない。我が国は朝鮮全土において民族解放の偉業を達成するための革命基地にはなっているが、日本革命のための活動の根拠地には決してなりえないことは、誰の目にも明白である。革命は輸出することはできず、また輸入することもできない」と厳しい姿勢をとり続けており、のちに北朝鮮を訪れた二人の日本の要人に、金日成主席自らが「彼らは招かれざる客であり、我が国としても処置に困っている。まったく迷惑な話だ」と述べている。

つまり、北朝鮮で武装訓練を受けたのちに革命を起こすという彼らの考えそのものが、ひとりよがりの妄想にすぎなかったのだ。

北朝鮮の技術者の献身的な協力によって、ついに「よど号」はピョンヤンを飛び立ち、羽田に向かった。着陸体制に入った時、隣に座っていた相原が見ると、富士山をじっと見つめる山村の目には涙があふれていたという。

私は「よど号」の到着の模様を伝えるため、羽田空港の送迎デッキに上がって待っていた。すでに「よど号」の羽田到着予定時刻は午前九時〇分頃と事前に発表されており、朝の離着陸で混雑する時間帯とはいえ、「よど号」の着陸は最優先であった。そして予告通り、東の空の黒い小さな点が次第に大きくなってきた。「よど号」に間違いない。事件発生の知らせで羽田に着いた時にはすでに福岡に向かっていたので、実際に私がこの目で「よど号」を見たのは初めてであった。「よど号」は国賓の来日の時などに使われるVIP用のスポットに入ったが、ずっとコックピットに閉じ込められ、外部の情報から隔絶されていたので、石田も江崎もこの事件がこれほどの騒ぎになっているとは夢にも思っていなかったという。

大任を果たした山村は天皇陛下から三つ重ねの銀盃を賜わったほか、五月二十六日に赤坂御苑で開かれた春の園遊会に七人のクルーと一緒に招かれ、昭和天皇から「この間はみんな大変だったね」とねぎらいの言葉をかけられている。

山村の人気はすさまじく、マスコミも「男、山新」と書き立て、ついには春日八郎の歌で『身代わり新治郎』というレコードまで作られたが、じつは新治郎というのは本名ではない。直義が本名だ。やはり代議士だった父の新治郎の名前を継いだのだが、父は池田内閣で行政管理庁長官を二期務め、自民党の川島正次郎副総裁とともに新東京国際空港の建設促進に全力を挙げていた。しかしその間に病魔がひそかにむしばみ始め、ついに直腸癌で倒れた。その病床に息子たちを呼び寄せ、誰か跡を継いでくれないかと頼んだ。その時は四男が跡を継ぐことに決まったのだが、補欠選挙の際わずか一ヶ月だけ被選挙権資格に足りなかったため急遽、直義が二代目新治郎として立候補することになった。

たまたま立候補する予定だった四男がフジテレビの記者として文部省記者クラブで私と机を並べていた縁で二代目新治郎の話を聞くことができたが、正義感が強く負けず嫌いで喧嘩っ早く、幼い頃から生傷が絶えなかったという。彼の紹介で義姉の山村夫人にも話を聞くことができたが、見合いした時からその男っぽさに惹かれたという。

そうした性格を知りつくしているだけに、ソウルからの電話で山村から「身代わりとして北朝鮮に行くことになった。子供をよろしく頼む。素直な子に育ててくれ」といわれた時も、夫人は「わかりました。気をつけて」と答えるのが精一杯だった。その声には悲愴な決意を感じていたという。その後、夫人には大きなハトロン紙の封筒が届いたが、中には山村の腕時計や手帳、カフスボタン、議員バッジまで入っていた。

山村新治郎がもし生きていたらすばらしい政治家になっていただろうと、丁長官は今でもその死を惜しんでいる。

第5章

浅間山荘事件

1972年2月、人質をとって連合赤軍の5人が立て籠った浅間山荘（軽井沢）

一九七二年（昭和四七）二月十九日、長野県の軽井沢で数人の武装グループと警察官との間で銃撃戦が起きたという一報が、共同通信と警視庁の記者クラブから日本テレビの報道部に飛び込んできた。午後二時過ぎのことであった。

すでにこの日の朝、犯人グループと思われる四人が軽井沢駅で逮捕され、彼らが乗ってきたバスが軽井沢のレイクニュータウンという新興別荘地発だったことから、一帯の捜索が始まっていたことは報道されていた。銃撃は冬の間は空き家になっていたその一角にある「さつき山荘」で起きた。

相手が武装集団であり間違いなく大事件になるとの判断から、ただちに中継体制に入ることになった。当時の日本テレビの中継車は、東京・新宿の初台の中継基地に置かれていた。そこには中継車はもちろん、テレビカメラ、マイク、照明器具、マイクロ機材など、中継に必要なものはすべて置かれていた。普段ならいつでも出動できるように中継部員が交代で詰めているのだが、あいにくこの日が土曜日で中継車を必要とする番組がなかったため、待機している部員の数も普段よりずっと少なく、電話で緊急招集することから始めなければならなかった。

この間にも犯人たちが、河合楽器の社員寮であった浅間山荘に逃げ込み、人質をとって立て籠ったという速報が追い打ちをかけた。もう一刻の猶予もない。駆けつけた中継部員の頭数がようやくそろった午後五時過ぎ、あわただしく軽井沢に向けて出発することになった。当然、実況中継のためにはアナウンサーが必要だが、アナウンス部に派遣要請があったのは、中継班が初台を出発する少し前であった。

当時は現場から記者が実況リポートするという現在の報道スタイルはまだ確立しておらず、事件、事故の現場からは、アナウンサーが担当することになっていたが、たまたまそのときアナウンス部にいた私が急遽、軽井沢に向かうことになった。

私は普段からどんな現場に行ってもいいように着替え用のシャツや下着、傘、登山靴などをロッカーに用意してあった。しかし、日本テレビのエリアである関東から出ることがなかったため、寒さ対策は不充分であった。しかし急を要する。会社から防寒用のジャンパーと長靴を借りると、二、三日分の着替えを紙袋に詰めただけで中継ディレクターと一緒にジープで軽井沢の浅間山荘へ向かった。

冬の日は短い。本社を出発する頃には夕闇が迫っていた。雪の碓氷《うすい》峠を喘《あえ》ぎながら登り、ようやく現場に着いた頃には、空が白み始めていた。私はちょうど札幌オリンピックの放送を終えて帰京したばかりであったが、車から降りたとたんにあまりの寒さに震えあがった。「しばれる」という北海道の寒さの比ではない。たしかに札幌でも顔がヒリヒリするような寒さではあったが、目の前にそびえる浅間山からの浅間おろしは、いっそう体感温度を奪っていたのだろう。

犯人がライフル銃を持っていることは間違いないというので、警察の非常線はずっと手前に敷かれていた。先着していた記者から「あれが浅間山荘だ」と指さされた建物は北向きの斜面にへばりつくように建っており、肉眼では細かい動きはまったくわからない。およそ一キロ離れていた。ここから実況放送するとしても容易なことではないというのが実感であったし、実際には手にした双眼鏡を覗きながら放送せざるをえなかった。

しかし日本テレビは当時、長野県内に系列局を持っていなかったうえ、関東地方だけを放送エリアにしていたため、何ヶ所も中継地点を作り、それらを結んで東京まで電波を送らなければならなかった。中継班の苦労は大変なものであった。さらに悪いことに、浅間山荘は北向きの斜面に建っており、東京の方向に向いていない。そのため東京まで電波が通って放送が可能になったのは、ようやく翌日の昼のニュースからであった。

そうはいっても、早朝に到着してから放送体制が整うまでの間、ぼんやりしているわけにはいかない。取材の鉄則は現場をつぶさに見て、可能な限りの情報を自分の足で集めることだが、これがまた大変な難儀であった。なぜなら最初に銃撃戦があった場所から五人が逃げていったことは目撃されているものの、五人全員が浅間山荘に逃げ込んだかどうかは誰も見ていない。しかも銃を持っていることは銃撃戦でわかっているものの、何丁の銃を持っているのか、銃の性能や射程距離も、警察でさえつかめていなかった。したがって、すでに動き回っていた記者たちにも新しい情報が入らないのは当然であった。

しかしそれでも、次のことは明らかになった。浅間山荘には普段から管理人の牟田郁夫、泰子夫妻が住んでいること、冬でも軽井沢のスケート場に来る社員の世話をしていること、たまたまこの日は夕食までスケート場に行ってくるといって出かけた社員のために入り口のドアに鍵がかかっていなかったこと、主人が犬の散歩に出かけたすきに犯人たちが押し入ったこと、したがって人質になったのは夫人の泰子さん一人であることだ。また、いつ泊まり客があってもいいように、かなりの食糧があることもわかった。

これらの情報をもとに昼のニュースは終えたが、その後も浅間山荘の中で犯人たちが家具などで玄関にバリケードを築いていると思われるガタガタという音だけが聞こえるという警察情報が入ってきた。

浅間山荘は三階建てで一番上の三階部分に玄関があり、一階、二階には出入り口はない。玄関に強固なバリケードを築かれたら、どうやって攻めるのだろうか。しかも翌朝、玄関の上の壁などに数ヶ所の銃眼ができていることが確認された。外から内部はまったく見えないが、中からは外の警察の動きが丸見えなのである。

この時点で、かなりの長期戦になるだろうと思った。これだけの大中継になると当然、各社とも必要になるのは本社と現場の連絡をスムーズにし、全体を指揮する前線本部を設けることだ。幸い報道部員の奔走によって、軽井沢駅近くの民家を借りることができた。しかしさらなる問題は、中継スタッフの宿探しと、スタッフの着替え用の衣類の確保であった。そのために奔走したのが、報道庶務として一足遅れて現地入りした加賀駿介であった。

緊急招集された各社のスタッフはもちろん、警官も寒さに対する装備が不充分だったため、街のすべての洋品店では厚手のシャツや下着、靴下などがあっという間に売り切れになってしまった。しかし加賀は、前線本部のそばにあった改装のため閉店中だった洋品店に掛け合い、ほとんどの品物を買い取る条件と引き換えに、他社が来ても店を開けないことを約束させたのだ。

こうして衣類を確保した加賀は次に宿探しにとりかかり、観光協会を通して冬の間閉めてある小瀬温泉の鉱泉旅館の経営者を探し出し、集められるだけの従業員を集めて旅館を開けてもらうことに成功した。この旅館は現場から小一時間ほどかかったが、温かい風呂と食事は、冷え切った身体には何ともうれしかった。

その旅館から朝のニュースに間に合わせるため、それから一〇日間、中継スタッフは午前三時に、私はほかのスタッフと一緒に午前五時に出発した。山陰に停めた中継車には大きなつららができるほどの厳しい寒さであった。長靴を通して足元から容赦なく寒さが這い上がってきて、靴下を二枚重ねて履いても足の感覚がなくなるほどだった。

それ以上に困ったのは、寒さのために口元がこわばってしゃべれないことだった。アナウンサーがそんなことで実況中継できないなど、許されることではない。放送時間までには何とかしなければならない。頰を叩いたり、厚手の軍手で口元を覆い温めたおかげでどうやら朝七時のニュースを乗り越えることができた。あまりの寒さにカイロがほしいと頼んだが、せっかく届いたカイロも凍結を防ぐためカメラに巻くからといわれ、最後まで私の手元に届くことはなかった。

しかし、双眼鏡で見なければ確認できないという悪条件には変わりはなかった。距離の遠さで新たに問題になったのが、カメラのレンズの大きさであった。もちろん、現場のテレビカメラには望遠レンズがついていたが、NHKが二二倍なのに対して日本テレビのレンズは一七倍しかなかった。中継車は各社とも同じ場所に陣取っているのだから、当然レンズの倍率は大きく左右する。NHKが山荘の窓枠までシャープに撮ることができるのに、日本テレビのレンズは建物全体を撮るのが精一杯であった。「もっと近くで撮れないのか」、「レンズを何とかしろ」と現場の実情を知らない本社からの無理な注文に、技術スタッフは頭を抱えざるをえなかったが、どうすることもできなかった。

さて、武装グループとどう対決するのか。中からバリケードを築かれてしまい、人質がいる以上、警察も簡単には踏み込むわけにはいかない。そこでまずは挑発してでも発砲させ、銃を特定しようとする。しかし犯人たちも充分察知していると見え、なかなか撃ってこない。そこで陽動作戦として、特型車（装甲車）を山荘に接近させたほか、夫の牟田郁夫さんや、立て籠っていると思われる犯人たちの肉親らが、連日にわたって拡声器で呼びかけるなどの心理的な揺さぶりをかけてみた。しかし何の反応もなかった。山荘を包囲する機動隊員たちには、動くにも動けない苛立ちが募っていった。

そうした膠着状態のさなか、彼らが浅間山荘に押し入った翌々日の二十一日にアメリカのニクソン大統領が北京入りし、中国の毛沢東主席と会談するというビッグニュースが飛び込んできていた。当然、彼らも山荘内のテレビやラジオで知っていたはずだが、肉親らも拡声器を通じて次のように訴えた。「アメリカのニクソンが中国へ行きました。社会は変わってきているのです。あなた方の目的はもう充分達成されたではありませんか。銃を捨てて出てきなさい」。

これに対する返事は、なんと二発の銃声であった。一キロほど離れていても、やまびこのように私の耳にもはっきりと聞こえた。私は激しい憤りを覚え、そのあとのニュースでは感情を抑えきれないままの現場リポートにならざるをえなかったが、あとで冷静になって考えてみると、犯人たちは反発よりも「もうやめてくれ。頼むから帰ってくれ」という哀願に近い気持ちからの発砲だったのかもしれないと思う。

こうして膠着状態のまま時間だけが経過したが、四日目の午前一一時頃「誰かが山荘の方に登っていくぞ」という声に、中継車の中にいた私は、急いで表に飛び出した。双眼鏡で見ると、山荘北側の斜面をよじ登っていく一人の男を確認できた。ただ機動隊員らしい装備はしていないし、機動隊員ならそんな無鉄砲な単独行動をとるとは思えない。いったい何者なのだろうと思っているうちに斜面を登り切り、やがて私の視界から消えた。

後でわかったことだがこの男は新潟県の田中保夫といい、人質になっている牟田泰子さんの身代わりになろうとしたらしいが、どうやって厳しい警察の非常線を突破したのかわからない。やがて玄関にたどりついた男は、何やら山荘の内部に向かって話しかけていたが、しばらくすると一発の銃声とともに崩れ落ちた。男は、楯を持った機動隊員によって後方に運び出され、頭に命中した弾丸を取り出す手術を受けたが、結局、事件が解決した後の三月一日に死亡した。

しかし、警察も決して手をこまねいていたわけではない。山荘内でテレビが見られないように電気を止めたほか、犯人たちを眠らせないために強力な投光器を当て続けたり、喚声を上げて突入する警官や車の動きを録音したテープで流して総攻撃を思わせる擬音作戦をとったりする一方、五日目に初めて山荘に向けてガス弾が発射された。弾は一発が玄関のガラスを破って飛び込み、裏側からの一発は浴室に着弾した。この作戦は彼らを動揺させるには充分効果があったらしく、玄関の壊れたガラス部分に布団を積んで防ぐなど、急に動きがあわただしくなった。

一方、山荘の玄関前を中心に銃撃に耐えられるように、山荘の玄関の左右に土嚢《どのう》を積み上げることになった。このため二八六二袋もの土嚢が作られ、一袋ずつ、数人の大楯を持った隊員に守られながら慎重に積み上げられていったが、なにしろ銃眼から数メートルしか離れていないため作業は困難をきわめた。目の前に橋頭堡《きょうとうほ》が築かれることへの苛立ちから、山荘からは激しい銃撃が続いた。しかし決死の作業の結果、最終的には玄関の東側に高さ一・二メートル、長さ八メートル、西側に高さ一・六メートル、長さ一四メートルの土嚢積みが完成した。その陰に身をひそめると銃眼はまったく見えなくなり、最前線の隊員たちにも安堵感が漂った。

この頃には警備本部が置かれた軽井沢署で、一日六回の定例会見が行なわれるようになったため、警察情報はかなり正確に私の手元に入るようになっていた。だが、山荘内部については依然としてわからないままであった。

ここで問題になったのは、報道規制だ。送電が止められている以上、彼らはテレビを見られなくなったものの、ラジオで情報を得ていることは確実であった。そこで詳しい情報を報道すれば、警察の動きは筒抜けになってしまうのだ。もし取材規制や報道規制をまったくしないまま突入を決行すれば、犯人たちに作戦を見破られるだけでなく、先を争うに決まっている報道陣の安全と混乱を回避することはむずかしい。

このため人質の救出を成功させるためにも、軽井沢に来ているすべての報道機関に協力を求める報道協定を結ぶことが緊急の課題となった。報道協定とは、警察側が可能な限りの情報を提供することを条件に報道各社が取材や報道を自粛するというものだが、その頃には各社とも現場の状況からやむをえないという空気になっており、警察側の根回しも功を奏して協定は成立した。

これを受けて事件発生から九日目の夜、翌二月二十八日に強行突入することが発表された。さらに当日は、午前九時から警告、説得を開始し、九時五五分に最後通告を行なうこと、山荘への突入命令は午前一〇時に出すことまで詳細に明かされた。また警察は、内部に立て籠る犯人が最低でも三人、最高でも五人とみていることや、彼らが三階にいる可能性が強いとみていることも明らかにした。また現場には医師四人、看護師七人、救護員一八人が待機して負傷者の応急処置に当たるほか、救急車八台、救護車一台、軽傷者輸送用にパトカー三台、重傷者輸送用のヘリコプター三機が用意されていることもわかった。

これだけの材料があれば現場の状況を伝えつつ、二、三時間の中継はもつと私は考えた。あとはできるだけ身体を休めておくことだが、放送開始時間がわかっているから気分的には焦りはないはずであった。しかし実際には、次第に気持ちが高揚してきたのだろう。充分な睡眠がとれないまま、午前四時の出発時間を迎えてしまった。

宿には早朝から温かいご飯と味噌汁、野沢菜漬けの朝食が用意されていたが、私はいっさい手をつけなかった。お茶も飲まなかった。私はあらかじめ長時間になることが予想される中継を担当する場合には、計画的に水断ちをすることをつねとしていた。前日の朝から少しずつ水分を減らし、夜食でも味噌汁やお茶にはいっさい口をつけなかった。放送する際、満腹だと張りのある声が出ないことをそれまでの経験からわかっていたからだ。また水断ちはトイレ対策でもあった。しかし実際は警察が総力を挙げれば長くても昼過ぎには終わるだろうし、いざとなればコマーシャルの間に用を足せばいいと気楽に考えていた。

先発した中継スタッフのあとを追って現場に着くとすでに準備は整っており、中継地点も数日前から回り道をして山荘の玄関を直下に見下ろす山の斜面に移されていた。カメラもくぼみにセットしてあった。気温は氷点下五・九度であったが、この一〇日間では比較的温かく、風もなかった。上空には青空が広がり、正面にそびえる浅間山も頂上まで雲一つかかってはいなかった。

すでに浅間山荘からは見えない場所に大きな布製の簡易水槽が四基置かれ、水が一杯に張られていた。全部で二五トンもあると聞いたが、この水は突入部隊を援護するための放水用として麓から運びあげてあったものである。氷点下とあって厚い氷に覆われており、この日の突入開始が午前一〇時と設定されたのも、氷が溶けないと放水作業ができないという判断もあったのだ。

日本テレビでは、午前九時五〇分から放送を開始することになっていたため、私は中継車に入り、朝刊の早版を読んでおこうと思ったが、開いて見た途端に目を疑った。山荘に配達されない以上、新聞だけは当然「今朝浅間山荘に突入」の大見出しが一面トップに躍るものと思っていたからだ。しかし各紙とも一面は「米中、平和五原則で一致」の大見出しのもと、米中会談の記事で埋め尽くされていた。それまで中国に対して徹底した敵視政策をとり、台湾を擁護してきた米国がついに中国が一つであることを事実上認めたのである。

確かに浅間山荘事件は大事件とはいえ、国内問題であり、米中会談が世界を揺るがす大ニュースだったのだから当然のことだった。ニクソン大統領と周恩来首相の数回にわたる会談ののち、共同声明が発表された。事実上、台湾を見放すことを意味するこの共同声明は、日本の政経分離政策以上のことを米国が頭越しにするはずがないと説明してきた佐藤政権に、深刻な打撃となった。北京から杭州に向かう特別機の中で、お茶で乾杯するニクソン大統領と周恩来首相のにこやかな写真は米中共存時代の幕開けを告げ、時代が大きく変わったことを如実に物語っていた。

まさにその日、武力革命によって共産主義社会を目論んだ連合赤軍による浅間山荘事件が最後の時を迎えようとしていたのである。いよいよ放送開始時間が近づいてきたため、山荘を見下ろす所定の位置についた私は、ここで重大なことに気がついた。報道協定によって、午前一〇時まで強行突入のことに触れることができないのだ。どうやってそれまでの一〇分間をもたせるかで、頭を悩ますことになった。

中継放送で肝心なのは冒頭の言葉だが、何かいいたいのに、それができない。

「群馬県から山越えで南軽井沢に入った武装グループが河合楽器の浅間山荘に立て籠って一〇日目、人質の牟田泰子さんが肉体的にも精神的にも限界と見た警察の動きが、今朝からにわかにあわただしくなっており、山荘周辺はこれまでとはまったく違った緊張感に包まれております」。

これがビデオに残っていた私の冒頭のコメントだが、報道協定を守りつつ強行突入が近いことをにおわせる精一杯のしゃべり出しであった。そのあとは最初から現場にいるだけに、それほどの苦労もなく一〇日間の経過を説明しているうちに前夜の予告通り、九時五五分から最後通牒ともいうべき警告が始まった。もちろんその声はそのままマイクに乗せた。

そして午前一〇時、ついに野中庸《いさお》本部長から無線を通して攻撃命令が発せられ、同時に「ただ今から実力をもって牟田泰子さんを救出する。無駄な抵抗はただちにやめなさい」という警告が繰り返し、拡声器を通じて流された。土嚢の陰で動く機動隊員のヘルメットや盾が朝の陽光にきらきらと輝き、指揮する隊長の声、放水車のエンジン音、上空で旋回するヘリコプターの音など、現場は騒然とした空気に一変した。この時点で報道協定は解除され、警察の動きや作戦を自由にしゃべれるようになった。

午前一〇時七分に山荘内から最初の発砲があり、隊員の大楯に当たったが、それを待っていたかのように山荘に向けて一斉にガス弾が発射され、同時に警察が犯人のいると見た三階の玄関付近の銃眼に向けて、二台の放水車からの激しい放水が始まった。一瞬、建物全体がガス弾の煙に包まれたが、その間隙を縫うようにして大きな鉄球を後方に吊り下げた奇妙な大型クレーン車が山荘西側の道路から姿を現した。

これは前夜の記者会見でも明らかにされていなかったので、私は言葉に詰まった。これでいったい何をしようというのであろうか。モンケンというこの大鉄球のことを知ったのはあとのことであり、その時には何の知識もなかった。このクレーン車には運転席のほかにモンケンを操作するためのもう一つの操縦席が後ろについている。このクレーン車を運転していたのは白田建設の社長白田弘之、モンケンの操縦をしたのは義弟の白田五郎であった。

クレーン車の出現は山荘内の犯人たちも度肝を抜かれたらしく、激しい銃撃を浴びせてきた。一発目は操縦する白田弘之の前のガラスに命中したが、事前に厚い防弾ガラスにしてあったため怪我はなかった。山荘前の道路は狭かったが、弘之は巧みに操縦してモンケンを操作しやすいように、後ろの操縦席を山荘の方に向けることに成功した。

前後が逆になったため、今度はモンケンを操縦する五郎が危険にさらされることになったが、当然後ろも厚い防弾ガラスが施されていた。モンケンは本来、建物などを破壊する際に一本のロープで鉄球を吊り下げ、横殴りにぶつけて壊すのだが、この時ばかりはそれだけのスペースがないこともあって、数本のロープで吊るし、一度手元に引きつけて、振り子のように山荘にぶつけるという高度な技術が必要であった。当初、警察では機材だけ借りて隊員に操縦させようとした。しかしいくら練習しても使い物にならなかったため、本職の二人に頼むことにしたのだという。

山荘のぎりぎりまで接近したクレーン車から最初の一撃が撃ち込まれたのは、一〇時四七分頃であった。グシャという音とともに、玄関の右上に直径一メートルほどの大きな穴が開いた。ドカンという大きな音を想像していたので意外な感じがしたが、一階、二階はコンクリートでも三階だけは構造的にもろかったのだろう。

犯人たちは狂ったように、今度は鉄球を吊るしたワイヤーを狙って撃ってきたが、動いている細いワイヤーに当たるわけがなかった。モンケンは第二弾、第三弾と撃ち続けられるとそのたびに穴は大きくなり、私の位置からも玄関付近の内部がわずかだが見えるようになった。布団などが積み上げられているうえ、中が暗いためよくわからなかったが、三階から二階に降りる階段部分は大きく壊れたようだ。その部分を最初に狙ったのは、三階と二階を分断して、犯人たちが行き来できなくするのが目的だったらしい。

その時の山荘内部の様子を、主犯の坂口弘はのちに『あさま山荘１９７２』の中でこう記している。

「壁にモンケンがぶつかるたびに床が大きく傾き立っていられない。この時ようやく警察が強行突入して我々を逮捕する気でいることを悟った。

玄関横の壁はわずか五分で破られた。間髪を入れずに穴めがけて放水が行なわれた。放水中もモンケンを使った破壊作業は続行された。玄関横の壁はほとんど壊された。

放水の水は容赦なくベッドルームに侵入してきた。くるぶしから脛へとみるみるうちに嵩《かさ》を増した。足元で鍋、箱、花瓶などがぷかぷか浮かび始めた。山腹の山荘で何とも奇妙な光景であった。

一一時六分、モンケンは壁から屋根の破壊作業に移った。これがまたすさまじく、落下するたびにバリッ、バリッという音がして数分のうちに青空がのぞくようになった。

破壊口の向こうにモンケンが姿を見せた。

直径五〇センチほどの鉄球だった。威力の割には小さいなと思った」。

私が外から見た以上に、モンケンが山荘内の彼らに衝撃を与えていたことがうかがえる。

玄関付近が見える範囲の状況を私が伝える一方、ほかの三ヶ所に配置した三人のアナウンサーを呼び出し、そこからの様子も伝えてもらった。各テレビ局ともどういう形で実況するか腐心していたが、NHKはなんと浅間山荘からわずか数十メートル先が健保の保養所になっていたため、地の利を生かしてその一室から放送することになった。しかしそこからは事件現場が直接見えないため、室内に設置されたモニターテレビを見ながらの放送になった。中継をする場合、全体の動きを視野に入れた方がはるかにしゃべりやすい。その点、厳寒の屋外からの中継を強いられる立場からはうらやましいと思う反面、モニターに映し出された画面だけを頼りにしゃべったメインの平田悦朗アナは、大変だったろうと思う。

一方、民放各社は屋外からアナウンサーが伝えざるをえなかったが、日本テレビがとった戦略は四元中継であった。山荘の玄関がよく見える斜面の私がメインを務め、同じ斜面でも小さな稜線を越えた、浅間山荘と前線本部が見下ろせる地点に倉持隆夫アナ、山荘を下から見上げる地点に芦沢俊美アナ、軽井沢署に浅見源司郎アナという配置であった。
「各隊は隊長の判断で突入せよ」。一一時一〇分にこの突入命令が出たことが、軽井沢署からの割込みで浅見アナによってただちに電波に乗った。

すでに警視庁の第二機動隊、第九機動隊、長野県警の突入部隊一二五人が、それぞれ一階から三階まで別々に突入することが事前の作戦会議で決まっていた。当然、三方向から山荘の動きを見つめるアナウンサーのやり取りもあわただしくなった。突入命令が出てからわずか二〇分、山荘を見上げる位置にいた芦沢アナから一階の様子が伝えられた。窓が開き、第九機動隊員が旗を振っているという。

一階には犯人はいなかったのだ。

しかしその直後、私の真下にいる隊員の動きが急にあわただしくなった。右往左往する隊員たちの姿から、玄関付近で何かが起きたらしいことはわかったが、上空を飛ぶヘリコプターの騒音に掻き消されて隊員の声は聞き取れなかった。

やがて大楯に乗せられた一人の隊員が運ばれてきたが、あっという間に左下の山陰に消えた。白線の入ったヘルメットから指揮者だということはすぐにわかったが、右手で隠すようにした顔は血で真っ赤に染まっていた。大楯からはみ出すほどの大柄な身体だったが、左手はだらりと垂れ、両足も大の字に開いたままピクリとも動かなかった。

「中隊長、しっかりしてください」。大楯を引っ張る隊員たちの声が切れ切れながら今度ははっきりと聞こえた。一目で重傷とわかったが、まだ破壊されていない銃眼から狙撃されたらしい。私はすぐに軽井沢署にいる浅見アナに情報が入っていないかどうか問いかけると、ちょうど発表が行なわれるところであった。

その発表によって、狙撃されたのは放水の指揮を執っていた警視庁特科車両隊の中隊長高見繁光警部であることがわかった。放水車の筒先を「もっと銃眼の方に向けろ」と指揮棒で指し示した際、わずかに頭が土嚢から上に出たところを狙われたのだという。その場所はもともとあった銃眼からは死角になっており、狙われる恐れはなかったのだが、皮肉にもモンケンの破壊でできた新しい穴が格好の銃眼になってしまった。

周囲にいた隊員たちがあおむけに倒れた高見警部をただちに助けようとしたのだが、大柄の上に重い防弾チョッキ、鉄のヘルメットを着けており、一人や二人で運び出せるものではなかった。その場に担架もなく、急遽大楯に乗せてザイルで引っ張り、後方に運び出したのはそのためだった。

その間にも二階、三階への突入部隊が、なんとか中へ入ろうと必死の努力を続けていた。

しばらくして三階の右の窓から、第二機動隊員の旗を振る姿が芦沢アナによって伝えられた。そこは厨房のあるところだ。続いて長野県警機動隊員も二階に突入したが誰もおらず、これで犯人と人質は三階の左側の部分、つまり寝室に固まっていることが確実になった。

しかしその間にまた一人、私のいる真下を負傷者が大楯に乗せられて後方に運ばれていった。本部や隊長からの命令を中隊長に伝える役目を負った二機の伝令大津高幸巡査で、高見警部の救出を手伝っていて遅れたため、三階に突入した部隊を追って土嚢を越えようとしたところを猟銃で撃たれたのだ。左眼球および左側頭部貫通銃創の重傷であった。

とうとう二人目の負傷者が出てしまったが、残る三階部分に突入した二機の指揮を執っていた内田尚孝隊長は、激しい抵抗で厨房から一歩も進めない状態に多少の焦りを感じていたのだろうか。ややいらいらした調子で「もう少しベッドルーム寄りのところを壊してくれ」と無線連絡すると、玄関東側の土嚢の方へ移動した。

内田隊長はジャンパーの袖をまくって指揮を執っていたが、裏地が赤だったため腕まくりすると周囲が白い雪だったのでひときわ目立ってしまっていた。しかし内田隊長は「隊長がどこにいるか、つねに隊員たちにわかるようにしておかなければならない。全員が黒いジャンパーを着ているのだから、後ろから見たらわからない。隊員のためにも目立つ色は必要なのだ。これで私が狙われるかもしれないが、それでも満足だ」と言って、決してやめようとしなかったという。

隊長としての気概と責任感にあふれていたが、指揮官であることを示す白い線が帽子に三本入っていたことも、犯人側からは狙いを定めやすい標的だったのだろう。土嚢からそっと顔をのぞかせた瞬間に、撃たれた。内田隊長はその場にしゃがみこんだように見えたが、それはしゃがんだのではなく崩れ落ちたのだ。

ただちに前線本部の隣に停めてあった大型救急車に担架で運び込まれたが、診察した医師の話によると、いびきをかいているものの意識はまったくなかったという。ここはまさに戦場であり、これほどまでにすさまじい中継現場を体験しようとは夢にも思わなかった。その後も機動隊員が次々に撃たれた。一二時二六分、高見警部の死亡が発表された。とうとう殉職者が出てしまった。芦沢アナも、現場の暗く沈んだムードを伝えてきた。

この時、内田隊長は依然として危篤状態であった。

これほどまでの犠牲者を出しながら、その時間まで隊員からの発砲は許されていなかった。これは突入する前に、後藤田正晴警察庁長官から「人質を救出するのが最高の目的であるが、必ず公正な裁判で処罰するから犯人を殺すな。全員生け捕りにしろ」と厳命されていたからであった。

しかし、高見警部の訃報が発表された一〇分後に「突入部隊は射撃角度を考慮して、拳銃を適正に使用して制圧検挙せよ」という拳銃の使用命令が出された。こうして使用は可能になったものの射殺してよいとはいっておらず、結局、最後まで犯人に向けて発砲されることはなかった。山の上で構えていたライフル隊にも使用許可が下りたが、こちらも使用されることはなかった。

こうした情報を伝えている最中、私の頭上で小枝が折れるような音がした。私は「周囲の騒音で発射音は聞こえませんでしたが、明らかにこちらに向けて撃ってきたようです。私の周囲のカメラマンたちの動きがあわただしくなってきました。少し浮き足立っている感じです」とリポートした。続いて、稜線の向こう側で山荘を見下ろす位置にいた倉持アナも、同じような動きを伝えてきた。

その時の様子を、犯人の坂口は著書の中で次のように記述している。

「ラジオで拳銃の使用許可が出たことを知ったが、威嚇射撃だろうと思っていた。それから数分後、私は外の様子を見ようと修復した破壊口から布団などを除けて向こう側に出てみた。わずかな隙間を見つけ、そこから体を捻じ曲げて道路の方向を見た。目に映ったのは、向かって右側の小高い山だった。山の斜面には黄、橙、青、赤という色とりどりの防寒具やヤッケをまとった報道陣が大勢いた。その数は一〇〇から二〇〇名、あるいはもっと多くいたかもしれない。山の稜線をはるかに下って、その先端にはカメラを据え、望遠レンズで山荘をうかがっているではないか。私は人が命懸けで闘っているときに何ということかと、これまでの報道に怒っていたこともあって、彼らに激しく腹を立てた。そこで彼らを背後の稜線後方まで退かせるつもりで斜面に向かって拳銃をやみくもに一発発射した。

一、二分して反応が現れ、三脚をたたんで大勢の報道関係者がぞろぞろと斜面を登っていった。それを確認してから、今度は左側の斜面を見た。こちらは正面の山の出っ張りが左に張り出しているため、見通しがずっと悪かった。距離も遠く、人数も少なかった。それでも右側斜面同様、少なからぬ望遠鏡が山荘をうかがっていた。

私は山荘の破壊口から身体を左側にグッと捻じ曲げて左側斜面を見、そこで不安定な姿勢のまま拳銃を一発発射した。こちらの反応は鈍く、三、四分してからようやく背後の稜線まで退いていった」。

右側の斜面とはまさに私のいた斜面であり、やはり小枝が折れるような音は決して気のせいではなかったのだ。右斜面は威嚇のため頭上の枝に当たっただけだったが、しかし無理な姿勢で撃った左斜面ではとんでもないことが起きていた。信越放送の小林忠治カメラマンの右足の関節の下を、弾が貫通してしまったのだ。小林カメラマンはすぐに病院へ運ばれたが、足が寒さでしびれていたため自分が撃たれたことにしばらく気がつかなかったという。

このことを、やはり坂口は著書の中でこう述べている。

「発砲してから約五分後、ラジオが『崖の上で取材中の信越放送の記者がライフルで撃たれて負傷しました』と放送した。えっと思った。まさか拳銃の弾が当たろうとは思ってもみなかった。『ライフル』と放送されたのは狙い撃ちされたと思ったからだろうと思った。私の発砲で負傷したのは小林忠治というカメラマンだったが、民間人を負傷させたため私の心中は穏やかではなかった。小林氏は一九八五年に私が謝罪の手紙を送ったところ気持ちよく受け取ってくださった」。

なお小林カメラマンは一九九〇年、取材中のヘリコプターが墜落して骨髄損傷の重傷を負い、気の毒に車椅子の生活になってしまった。

カメラマン負傷の事態を受けて、中継現場への警察の規制が一挙に厳しくなった。斜面から撤退しろというのである。このためテレビカメラマンは、山荘に向けてカメラを固定したまま後方に下がるしかなかった。

しかしスチールカメラマンは動こうとしなかったし、私も拒否した。後方に下がってしまっては山荘が見えなくなってしまうし、実況ができなくなる。ましてメインを任されている私がいなくては、四元中継が成り立たなくなってしまう。私は弾が当たるはずがないという妙な自信と、もし当たっても仕方がないという悟りのような心持ちでいた。しかし念には念を入れなければならない。私はそれまで立って放送していたが、カメラマンが後方に下がったため、中継カメラを入れてあったボックスに座ることにした。気休めにすぎないのだが、少しでも背が低いほうがいいと思った。

午後一時を過ぎた頃から急に犯人側からの発砲がなくなり、モンケンも動きが止まった。現場はそれまでとは打って変わって静かになった。土嚢の陰に潜む機動隊員も、何となくくつろいだように見える。双方が完全に対峙したままの状態になったのは、放送開始からほぼ三時間半。

夢中でしゃべっていた私も少し気が緩んだのか、急に尿意を催した。そこで私は「トイレに行きたいのでＣＭをいれてくれ」と走り書きしたメモを、中継車のディレクターと連絡するために私のそばにいたフロアマネージャーに手渡した。しかし無情にも「もう少し我慢。がんばれ」という紙片が戻ってきただけであった。この時気がついたのだが、放送が始まってから一度もＣＭが入っていなかったのだ。

この日、事件の解決までＣＭを入れないという決定が東京の本社でなされていたようだが、私には知らされていなかった。日本テレビに入社して一二年余りだったが、広告収入で成り立っている民放がＣＭなしで放送することなどありえないし、トイレはＣＭの合間にすませればよいと考えていた私が甘かったのだ。しかし前日からの水断ちだけは正しかったようだ。激しい攻防が続く現場にはとうとう最後まで弁当も水も届かなかったが、多少渇き始めていたのどは、周囲にいくらでもある雪をほおばることで切り抜けられた。

すでにこの頃、午後一時二九分、「各隊は攻撃を一時中止し、現場を確保せよ」という命令が現場には出されていた。すでに前線本部の本部車の中では、本部長を中心にした作戦会議が始まっていた。会議はその後一時間余り続くことになったが、現場に動きがなくなったため、各局のアナウンサーはしゃべることがなくなり、四苦八苦することになった。私も公安担当の北沢記者に席まで来てもらい、立て籠っている犯人像や極左グループの動きなどを解説してもらったが、それでも限界がある。とうとう本社の方で一度引き取り、スタジオでの座談でもたせてもらうことになり、私には救いのトイレタイムになった。

作戦会議は、その日のうちに強行救出を終了する方針を打ち出して午後二時五〇分にようやく終わった。すでに大量の放水によって山荘内が水浸しになっているうえ、モンケンで破壊された部分から外気が流れ込んでいるため、このまま中止すると犯人も人質も凍死する恐れがあることなどがその理由であった。

救出作戦は隊長、中隊長らを負傷で欠いた二機と九機を交代させることで再開されることになった。当然、放送も東京のスタジオから現場に戻ってきた。しかしこの先どのくらい時間がかかるかわからない。そこで私は声のトーンを少し落とすことにした。張り続けると、いつまでもつかわからなかったからだ。

救出作戦は午後三時半から再開されることになっていたが、その直前、山荘の内部で今まで聞いたことのない、腹にドーンと響く音がした。私の眼下を次々と負傷者が担架で運ばれていった。軽井沢署にいる浅見アナから、その爆発音は犯人が厨房に向けて投げた手投げ爆弾だったことが報告された。

現場は再び騒然とした空気に包まれた。三時三〇分の作戦再開に先立って九機から二人、長野県警から二人の決死隊員が選出された。バリケードが厳しくて大勢では入れないため、先頭に立って突破口を開くというものだが、文字通り死を覚悟しなければならないもっとも過酷な任務であった。自ら志願した者も、指名された者もいたが、四人とも使命感に燃えていた。四人が決意を新たにした午後四時一分、狙撃された二機の内田隊長の死が無線で全隊員に伝えられた。

二人目の殉職者だ。しかし隊長の死が隊員たちの闘志に火をつけたことは間違いない。ガス弾が左右から猛烈な勢いで打ち込まれ、弾が当たって跳ね返るときに出る火花と朦々《もうもう》たる煙で、まるで火事のようになったが、山荘の中は息ができない状態になっていたはずだ。

すると、山荘を見上げていた芦沢アナから、三階の左、つまり犯人たちが立て籠っている部屋の窓が開き、雨戸が落とされて三人の姿が見えると伝えてきた。同時に、軽井沢署で男二名、女一名という発表があったが、浅間山荘に逃げ込んだのを目撃されているのは男性だけなので、女性なら人質の可能性がかなり高い。犯人たちが窓を開けたのは、中がガスで息もできないほどになっている証拠でもあったが、それだけに救出が急がれた。

決死隊員は三階の厨房までは入ったものの、激しい銃撃のためにその先の食堂にまで進めなかった。しかし犯人たちがひるんでいるすきに、ついに決死隊の四人が配膳棚の間をすり抜けて食堂に入った。九機隊員もそれに続き、食堂を完全に制圧し、ついに残るのはベッドルームだけになった。ベッドルームは厚い壁で仕切られ、玄関の方からしか入れないような構造になっていた。

しかも強固なバリケードが築かれているため、厚い壁をぶち破るよりほかに方法がなかった。このため放水の水圧を最大限まで上げることになったが、当然それだけの水が必要になる。あらかじめ用意してあった四基の簡易水槽も底を尽き、ついに別荘団地にある夏場の飲料用貯水槽の水にまで手をつけざるをえなかった。一三気圧の高圧放水は、四人で筒先をしっかり押さえていなければホースが蛇のようにのたうち回るため、充分な訓練をしなければできるものではない。その威力はすさまじかった。貯水槽の水が尽きる寸前に、とても破れないと思われていた壁に、ついに人が通れるほどの穴が開いた。

午後六時〇分、「全員突入せよ」との号令が出され、隊員が次々とその穴からベッドルームに突入した。犯人たちは最後まで激しく抵抗し、真っ先に突入した隊員が撃たれ、重傷を負った。それでも隊員たちはひるまず、ベッドルーム北隅の盛り上がった布団の山をはがして犯人たちを逮捕していった。その中に人質の牟田泰子さんがいたのである。

人質の無事が確認されると軽井沢署の会見場は大歓声に包まれた、と浅見アナが伝えてきた。しかし冬の日暮れは早い。私の位置からは、強力な投光器に照らされた玄関付近が見えるだけだ。別の斜面にいた倉持アナが、眼下を担架で運ばれる人質の姿と、はだしで連行される犯人たちの姿をかろうじて伝えることしかできなかった。中継カメラは依然として固定されたままで、カメラマンがいないため後を追えなかったのだ。ただ、軽井沢署には早朝からカメラが設置してあったので、犯人たちの姿をはっきりと伝えることができた。

一時は隊員たちが抱きあったり、握手して喜びを分かち合っていた現場がようやく落ち着いた雰囲気になった頃、見上げると冬の月が浅間山荘の壊れた屋根を照らし、夜のとばりが下りた中でも浅間山の姿をとらえることができた。今まで山荘の動きに全神経を集中していたために、まったく気がつかなかった。その情景を描写しながら、午後六時四五分に、およそ九時間におよんだ中継を終えた。後にも先にも私が経験したもっとも長い中継であったが、午後一〇時過ぎに宿に着いてもまったく食は進まなかった。前の日から何も口にしていないにもかかわらず、知らないうちに気分が高ぶっていたのかもしれない。

翌日の午後、スタッフと一緒に本社に戻り、多くの人から「ごくろうさん」と声をかけてもらいながらも、依然としてすっきりした気分にはなれなかった。確かに九時間の生中継をやり遂げはしたが、外からの描写だけで視聴者を満足させられるような内容ではなかったのではないかという反省が、日増しに強くなっていた。

しかも浅間山荘で逮捕された五人の取り調べの過程で、とんでもない事実が明らかになった。浅間山荘に逃げ込む前に、彼らの仲間内で凄惨なリンチ殺人が行なわれていたことが明るみに出たのだ。浅間山荘の時には手段、方法はともかく、彼らなりのある種の正義感がわからなくもなかったが、リンチ殺人は理解に苦しむという気持ちがほとんどの人々が抱いた感情だった。そのことも、私の落ち込む心にさらに追い打ちをかけた。もっと極左のことを調べて放送に臨むべきだったという後悔だ。

それまでテレビは新聞の後追いが主であったが、この事件は新聞とテレビは役割の違うメディアであり、速報性という点では問題にならないことが明らかになった。これからは、画面だけではわからない情報を視聴者が求めてくる時代が間違いなく訪れるはずだという思いが強くなった。そうなれば、今までのように与えられた原稿を正確に読むだけのアナウンサーでは通用しなくなる。自分の足で取材した内容をしゃべる記者、理想的には記者を兼ねたアナウンサーが求められる時代がやってくるだろうと思った。

その点、九時間しゃべることができたことが、大きな自信になっていた。自転車と同じで一度しゃべる技術を身につければ、間違いなくしゃべれるはずだ。そのうえで記者としてしゃべれるようになれば、時代の要請に応えられるかもしれないと思い始めていた。記者として一から勉強するには早ければ早いほどいい。私は一部の人の反対を押し切ってアナウンサーをやめる決意をすると、すぐに報道局への配転願を出した。しかし前例がなかったので、すぐにはＯＫが出なかった。

その後もずっと、浅間山荘事件のことは気になっていた。テレビでも事あるたびに我が国の重大事件として取り上げられ、必ずといっていいほどモンケンが山荘に打ち込まれる場面が象徴的に放映されたが、どれも浅間山荘に至るまでの犯人たちのことは描いてはいなかった。警察サイドから見た本や連合赤軍の兵士の手になる著作はあったものの、いずれも全体像が見えてこない。

事件から二八年後、五十五歳で自主退社して自由に行動できるようになった時、自分の足で調べてみる以外にないと思い立った。もうすでに記者としての経験も積み、取材のノウハウもある程度身についていたし、あの放送の時のモヤモヤしていた真相に迫れるかもしれないと思った。しかし当時、私は月曜日から金曜日まで「思いっきりテレビ」にレギュラー出演していたため、取材に動けるのは土曜と日曜しかなかった。

だが、動かなければ始まらない。意を決して一九九七年（平成九）夏のある土曜日の朝、軽井沢駅からタクシーをチャーターして取材を始めた。すでに事件当時から、彼らがレイクタウンの「さつき山荘」から浅間山荘に逃げ込んだことはわかっていた。問題はその「さつき山荘」へはどこからたどり着いたのかだが、レイクタウンの後ろの山越え以外には考えられない。

そこで、タクシーを頼んで和美峠《わみ》に行ってもらうことにした。付近に人家がなかったため、ひとまず峠を越えたあたりから聞き込みを始めようと車を進めると、一人の男性が歩いていた。車を停めて浅間山荘のことを調べていることを告げると、なんとその男性は犯人たちが自分の持ち山を通って真冬の妙義山から降りてきたこと、その件で当時警察からいろいろ事情を聴かれたことを教えてくれた。なんという幸運だろうか。一発でここまでの足取りが判明したのだ。

妙義山を越えてきたということは、どうやって越えたかは別にして、彼らが群馬県から軽井沢に入ったことは間違いないことがはっきりした。こうなるともう刑事気分だ。その先が知りたくなるところだが、日本テレビ前橋支局の小室駐在員から奥さんが録音していたという私の実況中継の録音テープの全巻の提供を受けるとともに、彼がそれまでの取材を通じて親しくなった事件当時の群馬県警の中山和夫警備二課長を紹介してもらうことができて、取材は一気に進んだ。

中山二課長への取材によって彼らの群馬県内の動きがすべてわかり、浅間山荘までの足取りが判明した。それによると、群馬県の榛名湖周遊道路から少し入った脇道に乗り捨ててあった無人のライトバンが、前年に神奈川県の丹沢山中で山岳アジトが発見されて以来途絶えていた彼らの足取りを明らかにする契機となった。そのライトバンは、榛名湖畔の管理事務所からの通報で、無人のまま放置されていたものであった。

そのため二月九日に付近の山狩りが行なわれたが、積もった雪の中から数本の焼けた柱の跡とおびただしい電池が発見されただけで、すでに警察の動きを察知した彼らは逃走した後だった。しかしその前々日の二月七日に若い男女九人が榛名湖畔からバスに乗り、群馬県の迦葉《かしよう》山の入り口で降りたことが、運転手の証言で明らかになった。またそれ以前の一月二十七日頃、下山途中の猟師から数人の男女が出入りするテントを目撃したとの情報がもたらされていたことから、二月十六日に迦葉山の山狩りを行ない、高床式の真新しい山岳アジトを発見した。だが、すでに人影はなく、またも空振りに終わった。

しかし同じ日の午後、泥にはまって動けなくなっているライトバンが発見されたことから、事態は急展開し始めた。猟師の証言から、中にいた男女は迦葉山で目撃されたのと同一人物であることがわかった。じつはこのライトバンにはほかに三人が乗っていたが、警察官が到着する前にすでに妙義山の方向に逃げた後であった。その方向にアジトがあることは間違いなかったが、逃げ帰った三人は留守番をしていた六人に急を知らせると、アジトにあったすべての銃と弾薬類、それにわずかな食料を背負い、九人全員が雪に足跡を残さないように沢伝いに頂上目指して登り始めていた。逃げた三人の後を追った警察がもぬけの洞窟を発見したのは、その数時間後であった。日没で辺りが暗くなってきたため、捜索は一旦打ち切られた。

翌日、現場付近で逮捕されたのは連合赤軍のリーダー森恒夫と永田洋子であったが、九人の行方はわからなかった。この間のことを、野中本部長、警視庁の佐々淳行警備局付監察官、軽井沢署の吉江署長、長野県警の北原警備二課長、実際に出動した警視庁、長野県警の機動隊員など一〇〇人近い人たちに取材したが、一番頭を痛めたのは記憶の壁であった。何しろ二八年も経っているのだから、関係者の記憶があいまいになるのは仕方のないことだった。一つの事案についても、数人の証言を突き合わせなければならなかった。

こうなると、どうしても犯人自身の証言がほしくなってきた。そこで浅間山荘事件の主犯である坂口死刑囚に直接インタビューしようと面会の申請をしたが、丁寧な所長の手紙とともに却下されてしまった。これまでかと思われた矢先に、軽井沢駅で逮捕された四人のうちの一人、植垣康博がすでに刑期を終えて出所し、テレビの取材に応じていることを知った。そこで伝《つて》を頼って取材を申し込むと、会ってくれるという。彼は静岡市内でスナックを経営していたが、指定された静岡の喫茶店に行くと、すでに彼は待っていてくれた。そこではあいさつ程度で、後日、静岡市内のホテルに泊まり、ゆっくり話を聞くことができた。

連合赤軍は、キューバ革命の指導者の一人であるチェ・ゲバラを師と仰ぎ、世界同時革命を唱える赤軍派と、毛沢東理論を信奉して一国革命を唱える京浜安保共闘が手を結んだ地下ゲリラ組織である。私の質問は当然、主義主張の違う両派がなぜ合体したのかということから始まった。

植垣　一九七〇年（昭和四五）十二月十八日に京浜安保共闘が行なった上赤塚交番襲撃闘争を赤軍派が高く評価したことから、両派の交流が始まった。その後、両派の幹部同志が革命に対する考え方に違いはあっても一緒に闘えると判断し、七一年（昭和四六）七月に連合赤軍を結成することになった。問題は、私たち兵隊には、どういうふうに合意に達したのかについて説明がなかったことだ。連合赤軍が結成されたということを知らされただけだった。

もっとも赤軍派の指導部は、軍は党の決定に従っていればよいのだという対応だったので違和感はなかった。むしろ連合赤軍の結成そのものにほとんど関心がなかったといっていいが、それでも赤軍派のリーダーであった森恒夫が以後、主導権を握っていることから見て、赤軍派が京浜安保共闘を取り込めるという打算があったのではないかと思う。

——連合赤軍は結成後、どのような行動をとったのか。

植垣　当初、森は結成直後の七一年秋に両派で交番襲撃の共同作戦を行なおうとしたが、我々赤軍派の兵隊たちは京浜安保共闘への援助は惜しまないが、共同作戦には関心がなかった。それどころか彼らが山をベースに行動していることに批判的だった。結局、この共同作戦は赤軍派の兵隊が森の指示に従わなかったり、京浜安保共闘側に離脱者が出たため、失敗に終わった。

そこで森は両派の軍の交流が必要だと考え、共同軍事訓練を行なうことにした。その頃、兵隊は七二年の沖縄決戦に向け、米軍の富士演習場から武器を奪うために南アルプスの山中（新倉）に基地を作ろうとしていた。当初は山中にテントを張って作戦を行なうつもりだったが、山を調査中、たまま途中で出会った伐採の作業員たちから冬場に空いている作業小屋を使っていいといわれたので、そこを拠点にすることにした。そこは深い山の沢筋にあり、食料も備蓄してあったので、短期間使用するにはもってこいだった。調査から戻ると、森から「そこで共同軍事訓練ができるか」と問われ、私は「充分可能だ」と答えた。

こうして南アルプスの基地が、同時に共同軍事訓練の場所になった。その小屋に、その年の十二月初頭、両派から九人ずつ合わせて一八人が集まったが、銃は赤軍派のライフル銃一丁、散弾銃二丁と、京浜安保共闘の散弾銃九丁、拳銃一丁があり、弾薬も充分あった。ところがそこに集合する際、京浜安保共闘が水筒を持ってこなかったことに対して、森が考えが甘いと批判した。また二名の脱走者を出したり、六名の大量逮捕者を出したりしたそれまでのことを厳しく追及した。

すると、京浜安保共闘側が指輪をしていた赤軍派の遠山美枝子を名指しで批判し、山に来る決意がないと応酬し、共同軍事訓練の場所がいきなり両派の主導権争いに発展してしまった。しかし森はついに遠山批判を、二人の脱走者を見つけ出して殺害し、印旛沼近くに埋めた（のちに印旛沼事件とよばれた）京浜安保共闘の厳しい姿勢の一環だととらえて高く評価し、その場を収めた。森としてはこの厳しさこそ、革命戦士を育成するための共産主義化の方法として、積極的に行なうべきだと判断したのだ。これがのちに、革命戦士を育成するためだとして行なわれたいわゆるリンチ殺人事件へとつながっていくのである。

こうして森は、共産主義化を通して京浜安保共闘を指導していくことを可能にした。

——その南アルプスの拠点を、なぜ放棄したのか。

植垣　共同軍事訓練後の十二月下旬に、両派の指導部会議が、その時すでにあった京浜安保共闘の榛名山ベースで行なわれた。そこで「共産主義化による党建設」をともに行なうことで一致し、南アルプスに残っていた兵隊が全員そこに集合させられることになったからだ。それがのちに群馬県警によって発見された榛名山アジトだ。

京浜安保共闘のこのアジトは、小さな沢のそばにあった元温泉宿の廃屋を解体して移築したもので、温泉は沸かして使っていた。我々兵隊がそこに移ったのは、十二月末から一月二日にかけてだった。

——そこを捨てて迦葉山にアジトを移したのはなぜか。

植垣　一月中旬に脱走者が出たからだが、そもそも榛名山の小屋は狭すぎて両派の全員が生活するには無理があった。そのため森は、別のところに大きくて安定した小屋を作ることを考えており、ただちに迦葉山方面、赤城山方面、日光方面の調査を行なうことになった。私は迦葉山方面の調査を命じられたが、その際、森から南アルプスのような深い山はダメだ。近くまで車を着けられるようなところを探せといわれたが、そのような場所では警察に発見されやすいので、いささか不本意であった。

アジトに適した場所を探すには尾根筋を歩くのが一番なのだが、その際、そばに水が流れているのが絶対条件だ。こうして見つけたのが、迦葉山より奥の沢（鹿俣沢《しかまたざわ》）沿いだった。

山の調査から戻ると、名古屋に派遣されていた一人が離脱したことを知らされた。森はその者から警察に情報が漏れる恐れがあるため、急いで榛名山から移動する必要があると判断し、移動先として迦葉山がもっとも適していると考えた。私は森からそのことを伝えられると同時に、車を近くに着けられるところに三〇人ほど収容できる山小屋を一週間で作れといわれた。雪山にそんな大きな山小屋を一週間で作れというのは、無茶苦茶なことだった。しかもその場所が林道に近く、そこを通るきこりや猟師たちに見られてしまうため、とてもベースに適しているとは私には思えなかったが、森の指示には従うしかなかった。

小屋は必死の作業で一月末頃にはほぼでき上がったが、せっかく作ったベースにいたのは一〇日程度だった。というのも、ここでもまた二人も脱走者が出てしまい、警察が動き出すと思ったからである。そのため大あわてで妙義山の洞穴にひとまず移動したが、二月十六日に群馬県警が県内の山を捜索していることが判明した。そこで群馬県内はもう危ないと判断して、福島県南部にある阿武隈《あぶくま》山系の八溝《やみぞ》山を調査することにした。

ところがその調査に行こうとしたところで、群馬県警の私服警察が乗った車と遭遇したばかりか、車が泥道にはまって立往生してしまった。私もその車に乗っていたのだが、急いで洞穴に戻った。その後の事態の急転はご存じの通りだ。

洞穴に戻ると坂口が坂東國男、吉野雅邦と相談していたが、そのあと私に妙義山の山越えをして長野県の佐久へ行き、そこからさらに八ヶ岳高原にある松原湖へ行くから先導してくれといってきた。坂口が私に先導を頼んだのは、私が高校時代に地学部に所属し、地質調査のため多くの山に行っていて、山の地形にくわしかったからだ。一般道は警察の手が回っているだろうし、とても使えない。警察の包囲網を突破するには確かに厳冬の妙義山を越えるしかなかった。

私たちは銃器と弾薬、若干の食料だけを持って沢を登っていくことにした。もちろん尾根に出る登山道はあるのだが、どうせ警察は警察犬を使うだろうと判断し、臭いを消すためにわざわざ岩場の続く沢を選んだ。しかし急ぐあまり、たくさんのリュックと切り裂かれた衣類を洞穴に置いていくしかなかった。それがその後、総括要求による殺人事件が明るみに出るきっかけになってしまったのだ。

妙義山は、夏場でもむずかしい山だ。目の前に大きな岩が立ちはだかったり、くさり場があったりするのだ。しかも夜間に移動しなければならない。それでもなんとか、九人全員が妙義山越えを果たした。

ところが真夜中の道を歩いていると、群馬県と長野県の県境にある和美峠にわずかな灯が見えた。峠の近くの林の中からそっと偵察すると、警察の検問の灯であった。すると坂口があわてて左側の林の中へ雪を踏みわけて入っていってしまったので、全員があとを追わざるをえなかった。仕方なく途中から、また私が先頭に立った。

県境の尾根を南に向かえば佐久に出られることはわかっていたが、夜になって眼下にチラチラ見えた灯りを佐久だと思い込み、そこで尾根を降りてしまった。ところがそこは、私の持っていた五万分の一の地図に載っていない南軽井沢のレイクタウンという造成中の新興別荘地だった。

――しかしなぜ翌朝、四人だけで軽井沢駅へ行ったのか。

植垣　そこがどこかわからないくらいだから、当然最初からわかって軽井沢駅へ向かったわけではない。たまたま停まっていたバスが軽井沢駅行きだったというだけだ。しかし、とにかく街へ出て食料を仕入れるとともに銃を入れるゴルフバッグのような入れ物を買おうと思ったのだが、銃は数丁あるし、入れ物が数個になると思ったので四人で行ったのだ。

本当は一つ手前で降りるつもりだったが、なんとそこが軽井沢署前だったので、そのまま終点まで乗っていく破目になってしまった。我々のことを不審に思った売店のおばさんの通報が逮捕のきっかけのようにいわれているが、我々はすでに私服が張り込んでいることに気がついていた。見ると私服が我々の方を見て震えていたので、ここで逮捕されるのは時間の問題だと思い、派手な立ち回りで逮捕されてやろうと考えた。そうすればニュースで大きく取り上げられ、別荘地に残っている五人がラジオでそれを知り、うまく山に逃げてくれると思っていた。ところが軽井沢署で取り調べ中に、人質をとって山荘に立て籠ったと刑事から聞かされ、びっくりした。

——結局五人は最後まで抵抗したが、人質をとったことをどう思うか。

植垣　最初から人質にしようとしたのではなく、たまたま踏み込んだ山荘に人質がいたわけだが、私はただちに解放すべきだったと思う。

——しかしもし人質がいなければ、警察はもっと容赦なく攻撃していたのではないか。

植垣　もちろんそうだろうが、私が一緒に立て籠っていたとしても徹底的に闘っただろう。私はそれまでのゲリラ戦を通して警察との攻防戦に自信を持っていただけでなく、総括要求の重圧から解放され、全力で闘い抜く気持ちがみなぎっていた。しかも仲間に手をかけて死に追いやってきたのだから、死をもって報いるぐらいの気持ちは当然持っていた。

だから私は、ほかの誰よりも積極的に闘ったと思う。ただ私がその場にいたら、おそらく立て籠ることに反対し、警察に包囲される前にそこからさらに山越えをして逃げることを主張したと思う。というのは、私にはその自信があったからだ。逆にいえば私がその場にいなかったために、坂口たちは立て籠らざるをえなかったのだと思う。

——リンチ殺人事件についてはどう思っているのか。

植垣　暴力的な総括要求自体、私にとっては想定外の事態であった。もちろん私はそのことが正しく必要な行為とは思っていなかったし、実際、私なりに坂東に「こんなことをやっていいのか」と問うたことがあったが、坂東から「党のためだから仕方がない」といわれると、それ以上何もいえなかった。

それどころか、総括要求が次から次へとエスカレートしていくことに振り回されてしまい、早く終わってくれることを望むことしかできなかった。ただそうした思いと同時に自分たちのやっていることがいったいどういうことなのか、本当に必要なのかよく考えてみなければならないという思いが、次第につのっていたことも確かだ。

——なぜここまで何もかも話す気になったのか。

植垣　この総括要求に関わった一人の人間として、きちんと総括していくことが大切であり、責任だと思ったからだ。ただ私が一人で総括するだけでは限界があり、より多くの人に考えてもらう必要がある。そのためには私の思いを語るだけでは不充分であり、何よりも当時の私たちの行動を含めた事実関係を、それに関わった人たちが可能な限り正確に明らかにしていかなければならない。それが逮捕されてからの私の一貫した思いである。

彼の言葉の端々から強い反省の気持ちを感じた私が、亡くなった方々のところへ巡礼に行かないかと持ちかけると、ぜひ一緒に行きたいという。しかし彼は、実際に遺体を車に乗せることはしたが、埋めることはしていないので埋葬されていた場所を知らないという。そこで赤軍派だった一人に案内してもらうことにした。

植垣はまず、アジトのあった榛名山と迦葉山、それに妙義山の洞穴に案内し説明してくれたが、よくも気づかれなかったものだと思うほど、いずれも道路から少し入っただけのところであった。そのあと訪れた埋葬場所は昼でも暗い木立ちの中で、そこには埋葬場所だったことを示す白い小さな標柱が立っていた。昼間のうちにほかのメンバーが場所を探しておいて、深夜来て埋葬したというが、アジトからは遠く離れており、車は一台も通らない何ともおぞましい場所であった。植垣はそこにしゃがみ込んで静かに手を合わせていたが、今も日本の現状を憂える気持ちにまったく変わりはないという。

第6章

戦時下のベトナムとラオス

米軍機による北爆で破壊されたハノイ市内の建物

令和最初の年末年始をベトナムのハノイで過ごそうと、暮れの十二月二十九日夜、成田を飛び立った。今回の旅行の目的はただ単に正月を海外で過ごそうというのではなく、およそ四〇年ぶりに訪れるハノイがどのように変わったのか、この目で確かめたいということにあった。

私がかつてハノイを訪れたのは二回で、いずれもベトナム戦争の最中であったが、いわゆるベトナム戦争がいつ始まったかを特定するのはじつはむずかしい。フランスの植民地だったベトナムがベトナム民主共和国を宣言したのは、一九四五年（昭和二〇）九月二日であった。九年後の五四年（昭和二九）五月八日、ディエンビエンフーでついにフランス軍に勝利し、長い植民地時代に終止符を打った。しかしその時にベトナムが一つの国になったわけではなく、それが南北で激しい対立の時代を迎えた時であった。

一九六〇年（昭和三五）にベトナム労働党が「南」を武力で解放する方針を決定し、南ベトナム民族解放戦線を結成すると、アメリカが南ベトナム共和国を支援する援助軍司令部を設置し、南北ベトナム激突の時代に入ってしまった。

暗殺されたケネディ大統領に代わって就任したジョンソン大統領は直接軍事介入する糸口を模索していたが、一九六四年（昭和三九）八月、トンキン湾で偵察中の米駆逐艦が北ベトナム軍の哨戒艇から魚雷攻撃を受けたといわれる「トンキン湾事件」が起きると、すぐさまその報復として北ベトナムの海軍基地に爆撃を加えたのである。

さらに翌年二月七日、ベトナム中部のブレークで解放戦線の攻撃を受けて米兵八五人が死傷すると、その日のうちに八三機の米軍機が停戦ラインとして南北を分けていた北緯一七度線を越え、北ベトナム領内への爆撃を決行した。これが次第にエスカレートしていくいわゆる「北爆」の最初であったが、そのわずか一ヶ月後には沖縄駐留の海兵隊など三五人の米兵が地上部隊としてベトナム中部のダナンに上陸、空陸一体の本格的な戦闘に発展していったのである。

当時のアメリカには、世界最強の自分たちの力を見せつければ相手は屈服するはずだというおごりがあったが、音《ね》をあげるどころか執拗なまでの敵の抵抗についに巨大爆撃機B－52まで北爆に投入するほどで、もっとも激しかった六七年にはなんと一九万機以上の爆撃機が出撃し、最終的に投下された爆弾はじつに六四万トン余りに達した。地上部隊ももっとも多い時には五四万人にもふくれ上がったが、死者行方不明は六万人にものぼり、ついに一九七三年（昭和四八）に時のニクソン大統領が「北」への敵対行為中止を命令したのである。これで北爆も止み、米軍は三月二十九日、ベトナムからの撤退が完了した。

しかしニクソン大統領の戦争終結宣言にもかかわらず、それはあくまでもアメリカが手を引いただけで、依然として南ベトナムでは共和国軍と民族解放戦線の間で激しい戦闘が続いていた。このベトナム戦争は沖縄駐留の海兵隊の派遣だけではなく、B－52が沖縄の嘉手納《かでな》基地から飛び立ったことから、我が国でも激しい反戦運動が巻き起こった。決して対岸の火事ですまされる戦争ではなかった。

そうした厳しい情勢の中で、私たち取材班が初めて北ベトナムのハノイに入ったのはパリの和平協定調印後、ちょうど一年経った一九七四年（昭和四九）二月であった。まだ南で戦闘が続く戦時下とあってなかなか入国は許されず、ＴＢＳの田英夫、古谷綱正両ニュースキャスターに次いで、私が三人目であった。もちろん直行便などはなく、香港、ラオスのビエンチャン経由の入国であったが、戦闘地域の上空を飛ぶのだから気持ちのいいものではない。眼下に広がるベトナムの海岸線を目で追いながら気ばかりあせったが、ハノイ空港に無事着陸した時にはさすがにほっとした。しかし飛行機が停止した途端、軍服姿の男たちが乗り込んできて、乗客全員にパスポートを提出させ、それを集めるとあっという間に機外に消えた。こんなことは一度も経験したことがなかっただけに、呆気にとられて見守るしかなかった。

じつはこの時はベトナムの取材が主ではなく、同じように米軍の爆撃を受け、大きな被害が出ていると伝えられたもののまったく世界にその実情の知られていなかったラオス解放戦線を取材するためであった。北ベトナムへの激しい爆撃の様子はそれまでさまざまな形で全世界に報じられていたが、ラオスについてはまったく情報がなかったのだ。もちろんテレビカメラが入ったことはない。ねばり強い交渉の結果、ついに西側として初めての取材が許され、石川一彦プロデューサーをチーフとする四人の取材班が入国許可のおりるまでハノイで待機することになった。その間に、できるだけハノイ市内を取材することになった。

フランスの植民地だった時代が長かったため、市内には爆撃を免れた洋風の建物がかなり残るなかなかしゃれた街ではあったが、人一人やっと身を隠せるほどのタコツボと呼ばれる防空壕がいたるところにあった。私もその一つに入ってみたが、仮に爆弾が落ちても中にしゃがんでいればかろうじて爆風だけは防げる程度で、息がつまりそうなくらい狭くて小さかった。また数ヶ所、ほぼ同じ大きさの池を見かけたが、爆弾の跡に水がたまったのだという。爆撃によって壁の崩れ落ちた建物もあちこちにあったが、手当たり次第に爆弾を落としたのか、もっともひどかったのは白梅病院《バクマイ》だった。その時の爆撃で二〇人余りの入院患者が即死したというが、かろうじて残った瓦礫《がれき》の中で実習生たちの授業は行なわれていた。

我々に割り当てられたのは、市の中心部に近いトンニャットホテルであった。戦時下とあって簡素な食事であったし、街へ出ても飲食店はほとんど見かけなかった。不思議に思ったのは街で犬の姿を一頭も見かけないことであったが、聞けば貴重な蛋白源なのだという。つまり食べられてしまうのだ。ちょうど我々がハノイ滞在中に、正月（テト）を迎えることになった。ベトナムでは正月を旧暦で祝うため、たまたま時期が一致したのだ。ベトナムの正月を飾るのは門松ではなく桃だ。今にも咲きそうな桃の小枝を手にした人々で、この時ばかりは市場も大変な賑わいを見せる。

しかしその旧暦の大みそかの深夜、突然人々の大声とともに「バン、バン、バン」という激しい音がホテル中に鳴り響いた。なにしろ爆撃は止んだとはいっても戦時下だ。銃撃戦でも始まったのかと飛び起きた。しかしそれは新年を祝って午前〇時に人々がいっせいに鳴らす爆竹の音であった。この喧噪はしばらくの間続いていたが、日頃の重々しい空気を一瞬でも吹き飛ばしたいという人々の想いがこめられているように思えた。今は爆竹はいっさい禁止されているという。

ところでハノイ滞在中、取材する我々取材班が頭を悩ませたのは、街頭でロケをしようにも子供たちが追ってきてカメラの前に立ちふさがり、撮影ができないことだった。その時、このしつこい国民性ではアメリカがどんなに爆撃しても絶対に勝てないだろうと思ったものだ。

ハノイ滞在も残り少なくなったある日、党本部にパリ協定締結の際の北ベトナム側代表、レ・ドクトを訪ねた。アメリカ側のキッシンジャー代表と激しくやり合ったとは思えないおだやかな好々爺であったが、話がアメリカのことにふれた途端に厳しい表情に変わった。国内問題への干渉だとアメリカを厳しく非難し、「南」を完全に解放するまで闘うと語気を強めた。またこの時、カンボジアのシアヌーク殿下もハノイの迎賓館に滞在していることを知り、取材を申し込んだが、今はまだその時期ではないからと丁寧な手紙とともに断わられ、残念ながら実現しなかった。


ハノイ入りして八日目。待望のラオスへの入国許可がおり、我々取材班は二台の四輪駆動に分乗してラオスのサムヌアに向かった。ラオス解放戦線の主要メンバーが暮らすサムヌアは、北部の標高一〇〇〇メートル級の山岳地帯にあるが、途中の橋が米軍の爆撃によってことごとく破壊されたため、浅瀬を探して川を渡る以外にない。サムヌアまでは四五〇キロの行程だが、進むにつれて次第に険しくなり、両側の山肌が迫ってくる。車の振動も激しくなる。

やっとのことで国境の検問所に着くと、粗末な小屋に数人の職員がいるだけで、横にわたした一本の丸太が国を分けていた。しかしラオス領に入った途端、土砂崩れで道路がふさがれており、車はその手前までしか行かれない。幸い天気は良い。迎えに来ていたラオス側の通訳らに手伝ってもらってどうやらその場を通過できたが、そこから先は舗装こそされていないが比較的楽な道であった。

我々がもともと目指していたサムヌアの中心地は、一九六八年三月十日からわずか一週間に米軍の猛爆によって徹底的に破壊され、レンガが崩れ落ちた寺や教会の廃墟があちこちに残っているだけで、人っ子一人見かけなかった。爆撃を逃れるため人々はその地を捨て、サムヌアでもナカイと呼ばれる地区の自然の洞窟に隠れ住んでいたのである。

花崗岩でできた洞窟はナカイ地区に無数にあり、その中から人の住めそうな洞窟を探し出したものだが、行政機関もすべてその洞窟の中にあった。外には、いずれ平和になったら街の中心になるはずだと我々が勝手に「凱旋門」と名づけた竹の粗末な門が一つだけで、ほかには何もなかった。

しかし北爆がやんだこともあってだろうか、我々にあてがわれた宿舎はヤシの葉でふいた掘立式の小屋であった。人々はこの建物を「迎賓館」と呼んでいたが、各部屋は壁代わりに吊るされた毛布で仕切られ、孟宗竹を割って作った竹のベッドが一つ置かれているだけであった。見た目はゴツゴツして痛そうだったが、竹のすき間から風が入ってきてじつに快適なベッドであった。

その日から約三週間ほど滞在することになったが、翌日さっそく案内されたのはラオス・ベトナム友好病院であった。もちろん洞窟の中だが、想像していたよりはるかに広く、爆風よけの鉄の扉の奥は、全長五〇〇メートルもあるという。ベッド数は一〇〇床、手術室やレントゲン室なども完備していたが、医療機器はほとんどが中国製かソ連製であった。医師もソ連・キューバ・ベトナムから派遣された者がほとんどだが、湿気の多い洞窟の中での生活のため、いかにして入院患者に日光浴をさせるかが最大の課題だという。

次に案内されたのは、パテトラオ通信社と放送局であった。一日一四時間四〇分、毎日放送しているという。地下にあるため、今までその正確な位置はわかっていなかった。開局して六年経っていたパテトラオ通信は、東京の出来事もすべてキャッチしていた。放送局では全部で二〇〇人が働いていたが、放送スタジオは周囲を毛布で囲んだだけの粗末なものであった。

地下には印刷所もあり、二六〇人が凸版印刷で週一回、五〇〇〇部の機関紙を発行しているという。随時開かれる愛国戦線中央委員会の幹部会の取材も許されたが、スファヌボン殿下を中心にカイソン副議長、ポンピチッド書記長らの会議で決められたことは、その機関紙を通じて人々に知らされる仕組みになっていた。洞窟の中にはデパートもある。贅沢な品はもちろんなく、ミルクや缶詰、文房具などが並んでいる。一番の高級品はトランジスタラジオであった。ほかの生活必需品はすべて支給されるため、別に買物をしなくても生活に困ることはないというが、外部からの不審者の侵入を防ぐために身分証明書だけは携帯が義務づけられている。

こうした不自由な生活を強いられるのも米軍の爆撃を避けるためだが、北爆がやんだとはいえ、地上から攻めてくることを想定してどの家にも銃があり、自衛のための訓練が続いていた。村単位にゲリラの民兵組織ができ上がっており、深い森の中では婦人ロケット部隊の実弾射撃訓練が行なわれていた。使用しているのは中国製の一〇七ミリロケット砲で、きびきびした動作からは充分な訓練を積んでいることをうかがわせた。その一方で、落とし穴を作る方法を指揮官が伝授していた。

サムヌアには撃墜した米軍機の乗員一人が捕虜になっており、会って話を聞くと「自分たちは間違っていた。ニクソンはただちに闘いを止めるべきだ」と訴えた。捕虜の立場ではどこまで本音でいっているのかわからなかったが、撃墜した機体を見せてほしいというと、人々は「もうスプーンやフォークになってしまったよ」と笑っていた。

しかし、こうした緊迫した中にもほのぼのとした場面にも遭遇した。慰問団だという少年少女の一団が、太陽の燦々とふりそそぐ野原で歌と踊りを披露してくれた。歌詞はわからなかったが、美しい少女の澄んだ歌声は心にしみるようであった。

また、ある村では結婚式に遭遇した。爆撃が止んでやっと屋外で式ができるようになったのだという。ラオスでは男性の方から水牛一頭が、女性の方から豚二頭を、相手の家に贈ることによって結婚が認められるのだという。日本でいう結納の品と考えればいいだろう。筵《むしろ》を敷いただけの式場の真中に新郎・新婦が座わると、周囲を村中の人々が取り囲み、長老らしい人が祝いの言葉を述べ、二人の手首に糸を結ぶ。糸結びという儀式で、末永い契りを表すのだという。我々取材班もラオスを出るまで付けておくようにと、四人全員が手首に糸を結ばれた。それが終わると、新郎新婦を交えて出席者全員でランボンという踊りが賑やかに始まった。日本の盆踊りに似ているが、楽器はドラム缶だ。我々も誘われて踊りの輪に加わり、戦時下を忘れさせるような楽しい一時であった。

そしていよいよラオスでの滞在日数も残り少なくなったある日、突然、革命の指導者スファヌボン殿下が取材に応じてくれた。執務室も洞窟の中にあったが、殿下が屋外に出て軽い体操をしたり住民との交歓をする情景の撮影も許された。殿下はその時、六十五歳。もともとは王族の一員であったが、フランス留学中に他国の植民地支配の楔《くさび》から母国ラオスを解放しなければならないという決意を固めたのであった。帰国直後には右派に投獄されるという苦難を味わったが、その後に脱獄し、兄のプーマ殿下とたもとを分かち、北部のサムヌアを拠点とするラオス解放戦線を結成したのである。

精悍な雰囲気を漂わせてはいるものの、革命の闘士とは思えないほどおだやかな話し方で、人々と接する時がもっとも楽しいという。車でどこへでも出かけるが、人が集まっている姿を見かけると必ず車を止め、どんどんその輪の中に入り、小さな子供にも笑顔で話しかける。その姿には、人々との深い信頼関係が感じられた。

こうしてラオスでの三週間の取材を終えたが、今までまったく謎に包まれていたラオス解放区の実情を伝える特別番組は、大きな反響を呼んだ。それにしても、私の目には北爆による被害はハノイよりサムヌアの方がはるかにひどいように思えたが、なぜその実態が世に知られなかったのであろうか。前述したように、ハノイでは撮影ができないほど人々が群がってくるが、ラオスでは物陰からそっとこちらをのぞいているだけだ。ベトナムが北爆の被害を世界に向けて積極的に発信し続けたのに対して、ラオスはこれだけの被害を受けながらじっと耐えているように思えた。もしラオスもベトナムのように発信していたら、世界の人々のラオスに対する見方は違っていたと思うし、両国を取材してみて国民性の違いが大きく影響しているという印象を受けた。

帰国後、放送を終えてほっとしていた我々のもとに、悲しい報せが届いた。あの美しい歌声を聞かせてくれた慰問団の少女が亡くなったというのである。やっと爆撃の恐怖が去ったため、畑に出て農作業を始めた矢先、地雷にふれてしまったのだ。我々は信じられない思いでその悲報を聞いたが、あの美しく澄んだ歌声がいつまでも耳を離れなかった。

それからちょうど一年、一九七五年（昭和五〇）の二月に、再びハノイを訪れることになった。米軍が撤退したあとのベトナムはいわば内戦状態に陥っていたが、北が一気に攻勢をかけたため、一段と緊迫の度を強めていた。そうした中、北ベトナム側から取材することになった。メンバーは前年と同じ四人であったが、一年前の我々の取材の様子に好感をもってくれたのか、いつでも好きな時に来てよいと簡単に入国許可がおりた。もちろん急いでハノイ入りしたが、わずか一年であれほどひどい被害を受けた白梅病院は見事に復興していたし、周辺の道路も修復され、走行も楽になっていた。社会主義国でよく見かける人海戦術によるもので、周辺の道路でも人々総出で作業する姿があちこちで見られた。

その一つ、アパートの建設現場を取材対象に選んで申請した。数日経って許可がおり、建設中の建物を撮り終えてすでに完成していた隣の建物にカメラを向けた途端、職員が血相を変えてカメラの前に立ちふさがった。理由を聞くと「あなた方は建設中の建物を撮りたいと申請したから許可したのであって、完成した建物については申請していないからだめだ」という。我々は呆気にとられた。建設現場なら、すでに完成している建物も撮るのは当たり前ではないか。社会主義国では万事、この調子なのである。

空からの爆撃の恐怖がなくなったためか、市民の表情は一年前と比べようもないほど明るかった。しかし、まだ戦時下にあることを痛感させられる出来事が起きてしまった。我々が今回も常宿にしたトンニャットホテル内にオーストラリア大使館があることがわかり、部屋に大使を訪ねた。翌日オーストラリアに帰国するという大使はじつに気さくな親しみやすい人物で、浅草が好きで、ぜひまた寿司が食べたいというほどの親日家であった。

いつかまた日本で会いましょうと別れた翌日、秘書の女性が打ちひしがれた姿で我々の部屋にやってきた。聞くと、大使は予定通りハノイを飛び立ってオーストラリアに向かったが、ベトナム上空で撃ち落とされて亡くなったというのである。昨日はあんなに元気だったのにと我々は大きなショックを受けたが、前述の少女の訃報といい、戦争のむごさ、どんな理由であれ戦争はしてはならないという思いを、この時ほど強く感じたことはなかった。その思いは、翌日から北ベトナム軍を追うようにして南へ移動するにつれ、ますます強くなった。

北の戦車や軍用車が、次々と我々の車を追い越していく。重量車輌が通るために、自然に道路が固められるせいか快適だ。ところがセンターラインがなく、すべての車が中央を走っている。対向車がまったくスピードを落とさず近づいてくる。あわやという時にたくみにすれ違うのだが、何度肝を冷したかわからない。

解放勢力はこの時すでに、北緯一七度よりさらに南まで攻め込んでいた。南北を分けるベンハイ川には小舟を横に並べた仮設の橋が架けられており、そこを慎重に渡ってさらに南へおよそ三〇キロ。ドンハに入った。そこはかつて米軍が基地にしていたところで、三年前に解放したばかりだ。訪れたのは夕方だったが、おびただしい数の戦闘機の残骸が転がっていた。しかし、まともな戦闘機は一機もない。撤退する米軍が、北ベトナム軍が使えないようにことごとく破壊していったもので、弾薬箱にも英語の文字がくっきり残っていた。沈みゆく太陽に照らされた飛行場は、物音一つしない殺伐とした光景であった。

そこからさらに南へくだり、クアンチに入ると、そこはまさに最前線とあってピリピリした緊張感に包まれていた。幅五〇〇メートルのハクハン川の対岸には南ベトナムの旗がはためき、上空を飛ぶヘリコプターもはっきり見える。そしてズドンという砲声がすぐ近くで聞えたかと思うと、はるか遠くでも聞える。広範囲で戦闘が続いていることは明らかだ。しかし住民は、驚くほど落ちついている。そこで感じたのはあきらめや馴れであり、平和の実感とはほど遠いものであった。偵察機らしい飛行機が上空を旋回したら大急ぎで防空壕に入るよういわれたが、飛行機が去ったあと土手の上で川向こうの南ベトナムの国旗を背景にリポートした時には、背後から狙撃されるのではないかと極度に緊張した。

その頃、東京の本社では、我々が行方不明になったという騒ぎが起きていたらしい。ハノイを出発して南下する途中、東京に連絡する手段が何もなかったのだから無理もない。滞在許可の期限が来て我々が帰国した直後にサイゴンが陥落したことを知ったが、局長からはなぜそのままサイゴンまで追わなかったのかと厳しく叱責された。

厳しい北の統制下で、軍事施設の一つだからと橋の撮影さえ許されない中で、逆によく途中まででも同行取材させてくれたものだと思う一方、この時、北側から取材していたのが日本テレビだけだったことを考えると、やはりマスコミの人間としてはサイゴンまで追うべきだったとのちのちまで後悔が残る痛恨の取材行であった。

そんな苦い思い出があったので、四四年ぶりのハノイ訪問には特別な思いを抱いていたが、到着した時から驚きの連続であった。最近、発展著しいとは聞いていたが、まず驚いたのは空港の立派さであった。他国に比べて空港ビルもとくに大きいというわけではないが、じつに機能的にできていて通関までの流れもスムーズだ。街に向かう上下三車線の高速道路は真直ぐ伸び、両側に整然と並んだ街路樹の並木がじつに心地良い。

すっかり近代的になったものだと感心していたのも束の間、市内に入った途端、様相は一変した。右も左もおびただしい数のオートバイが、バスの行く手を阻む。おかまいなくバスの前方にどんどん割り込んでくるのだから、なかなか前へ進めない。オートバイのほとんどが日本製だ。二人乗りは当たり前。前後に二人の子供を乗せたり、中には運転しながら時折スマホを見ている若者の姿もあった。

そんな中で突然右折したり左折するオートバイがいるかと思うと、なんとUターンする乗用車が現れたりする。さらに肝をつぶしたのは、このすさまじいオートバイの流れの中を平然と横断する人の姿を多く見かけたことだ。「外国人が自分で運転するのは、ハノイでは無理ですよ」というガイドの言葉に、素直にうなずかざるをえなかった。これだけ無秩序に走るのだから、警笛の音がすさまじい。接触事故はしょっちゅうだというが、あまり激しいいさかいが起きないところを見ると、我々には理解できない暗黙のルールがあるのかもしれない。

四〇年前の取材時に市内を走っていた路面電車はすでに撤去されていたが、ドンクアン市場は昔の位置にまったく変わらない姿で立っていた。中には足の踏み場もないほど品物があふれていたが、一歩外へ出ると、道端に飲み物や果物を売る露店を数軒見かけた。しかしほとんどが無許可だ。そのため取り締まりの警官の姿が見えるとすぐに逃げられるように、小さな板戸の上に品物が並べられているだけだ。私はふと戦後の日本のヤミ市の姿を思い浮かべた。

前回の取材以来、もう四〇年以上経っているので、戦火の跡は残っていないだろうと私は思っていた。ところが思いがけず、当時の防空壕が残っていた。それも今や市内に二ヶ所だけだという。防空壕の一つが、偶然にも私の宿泊したソフィテル・レジェンド・メトロポールの地下にあった。宿泊客だけに見せるというので、早速申し込んだ。このホテルは一九〇一年（明治三四）創業のフランス植民地時代に建てられた西洋風の建物だが、その防空壕はホテルの中庭にあるバーの地下にあった。

当時、このホテルには外国の要人たちが数多く宿泊していた。しかし戦争が勃発して以来、それら要人たちの避難場所として秘密裏に作られたのだという。そのため、存在さえ知られることなく、二〇一一年（平成二三）にバーを中庭に作ろうとして偶然発見された。

狭い階段の下に鉄格子の入り口があり、入ると、むき出しのコンクリートだけの防空壕が現れた。中に入るにはヘルメットを着用しなければならないが、地下四メートルのところに四つの縦長の部屋があり、約四〇人避難できるようになっていた。全員が立っていたのだろう。椅子などの備品は何一つなかった。天井の小さなさびついた鉄の枠は、中に電球を入れるためのもので昔のままだという。私が幼い頃に避難した防空壕とは比べものにならないほど頑丈であった。壕そのものは狭いが、一つの部屋に録音テープが設置されており、空襲警報の音、米軍機の音、爆弾が投下された時の音、子供の泣き叫ぶ声などが流されていた。こうした防空壕はハノイ市内だけで九〇〇〇ヶ所あったというが、当時、タコツボと呼ばれていた一人用の壕は、一つも残っていない。

ベトナムは今はまだ発展途上の混乱期にあり、戦後の混乱から次第に立ち直った一九五五〜六〇年（昭和三〇〜三五）代の我が国の姿を彷彿させた。地下鉄の工事もやっと始まったばかりらしいが、インフラ整備が進めばハノイの街が大きく変わることは間違いない。人々の熱気だけは四〇年前とは変わっていなかった。

第7章

日中国交正常化

周恩来首相の専用機で北京から上海に向かう途上の首脳。周首相（右手前）、二階堂官房長官（右奥）、大平外相（左手前）、田中首相（左奥）

一九七二年（昭和四七）七月五日、東京の日比谷公会堂で開かれた自民党の臨時党大会で、田中角栄が新しい総裁に選出された。これは六月十五日に佐藤栄作総理が退陣表明したのを受けたものだが、田中・福田・三木・大平の四人による第一回の投票では過半数を得た者がなく、決選投票の結果、田中が大差をつけて福田赳夫を破って選ばれたのであった。

こうして七年七ヶ月の長期にわたった佐藤政権は終わりを告げたが、六月十七日に首相官邸で行なわれた佐藤総理の会見は異様なものであった。佐藤総理はこの日の午前一一時から開かれた自民党の衆参両院議員総会で正式に引退を表明した後、午後〇時半からの会見に臨んだのである。

ところが佐藤総理は着席するなり、「テレビはどこにいるのか」と会見場を見渡したあと、「今日はテレビを通じて国民に直接話をしたいといっておいたはずだ」と述べ、さらに「新聞は私の言葉を正しく伝えず、偏見しているから大きらいだ。今日はテレビにサービスするのだ」とテレビを手招きするような仕草をした。

しかし事前に記者団は会見室には入るが、総理の意向を汲んでいっさい質問しないことで、政府側と内閣記者会との間で話し合いがついていた。どうもそのことを総理は知らなかったようだが、記者団が動かないと見ると「これでは話ができない」と席を立って退席してしまった。

「総理は何を勘違いしているのだろう。テレビには一番いい席を用意しているのに」と驚いた竹下登官房長官があとを追い、その説明に納得したのか、五分ほどして総理は再び会見室に現れ、「どうも科学に弱くて」と釈明しながら着席した。

しかしおさまらないのは記者会だ。代表幹事が「総理の先ほどの発言は、内閣記者会として絶対に許せない」と抗議すると、総理は「それなら出ていって下さい」とテーブルを叩いて激昂した。このため記者団が「それでは出よう」と口々に叫んで退席し、会見場に据えっぱなしのテレビカメラだけという異様な会見となった。

日本テレビでも最後の退陣会見とあって生中継し、私がスタジオで官邸キャップの三箇記者に解説してもらいながら進行することになっていたが、私の手元に届いたのは「番組はこのまま延長するから、なんとかもたせろ。いつ放送を終えるかは追って知らせるから」という一枚のメモであった。

こうした異様な雰囲気の中での政権交代であったが、田中新総裁は五日に選出されるとすぐ初の記者会見を開き、日中の国交正常化について「戦後四分の一世紀の日中関係は二〇〇〇年の歴史から見ればその一コマにすぎない。再び紛争を起こすことがないように真面目な態度で正常化に取り組んでいく。これまでは一方通行で中国に迷惑をかけている。しかし正常化の機は熟してきていると思う」と熱っぽく語った。その背景にはこの年の二月、米国のニクソン大統領が突然日本の頭越しに中国を訪問するという衝撃的な出来事があり、我が国も真剣に対中政策を検討する時機だったことも大きく影響していたと思われる。

また先の佐藤総理の記者会見でぎくしゃくした内閣記者会との関係についても五日午後、在京新聞各社の政治部長との懇談の席上、「政策がどんなに立派なものであっても、国民の理解と支持がなければいい意味がない。マスコミを通じて国民に理解を求めることは当然だ。マスコミとの接触に耐えられなかったら首相をやめることだ。そこまで覚悟しなければ民主政治はできない。新聞は尊重していく」と語った。念願の日中国交正常化は、マスコミの協力なくしてはなしえないと考えたのだろう。「機は熟した」という就任早々の田中総理の言葉はただちに中国側の反応に現れ、それまで日本が開くパーティにはいっさい応じてこなかった中国が、ジュネーブで開かれた国連の経済社会理事会の際に開かれた日本側のパーティに初めて出席した。また、上海バレエ団の東京公演も実現した。

人心掌握術に長けた総理はまた、せっかちといわれるほど決断が早く、しかも機を見るに敏であった。こうした雪どけムードを見逃すはずがない。公明党の竹入義勝委員長や自民党の小坂善太郎議員を団長とする訪中団を派遣するなど、矢継ぎ早に手を打ち、総理就任からわずか三ヶ月たらずで、田中総理自らが九月二十五日に訪中して北京で直接国交正常化について話し合うことになったのである。

私はその歴史的な訪中の模様を伝えるため、一行より前に北京入りした。田中総理を迎える市民の表情などを事前取材するためだ。私は旅装を解くとすぐに人民日報社の前で、新聞に見入る市民へのインタビューを行なった。ところがマイクを向けたすべての人が必ずポケットから小さな赤い『毛沢東語録』をとり出し、それを振りかざしながら毛主席の功績をたたえる言葉から始めるのには閉口した。

『毛沢東語録』は七億の中国人民に毛沢東思想を植えつけるため、毛主席の著作からの抜粋をまとめたポケットブックであった。もちろん私も文化大革命のことは知っていたが、まさかこういう形で市民に浸透しているとは思いもよらなかった。

さらに驚いたのは日本の総理の名前を聞いてもほとんど答えられないし、その総理が北京にやってくることも、まして何のために来るのかも知らないのだ。まだ国交正常化の前とはいえ、国民には事前に何も知らされていなかったのだ。

そして中継準備もすべて整い、いよいよ九月二十五日、総理到着の日の朝を迎えた。

この日もすばらしい天気であった。田中総理らを乗せた日航特別機は上海を経由して、予定時刻である午前一一時三〇分、周恩来総理の待つ北京空港に到着した。周総理がタラップの下に歩み寄ると、しばらくして田中総理が姿を現した。ゆっくりと降りてくる田中総理の顔は緊張のためか普段よりこわばって見えたが、タラップの下で待ち受ける周総理は対照的にリラックスしていた。

二人はがっちりと握手を交わし、二言三言言葉を交わしたが、まだ国交正常化される前だったため閲兵などはなく、そのまま田中総理、大平正芳外相、二階堂進官房長官の三人が出迎えの車に分乗してまっすぐ北京市内の宿舎、釣魚台に向かった。車列は天安門前広場をフルスピードで走り抜けた。その当時の北京は車といえば政府関係の公用車だけで、人々はすべて自転車であった。我々に割り当てられた宿舎の窓から見下ろすと、朝夕の通勤時にはおびただしい数の自転車であったが、北京の空気が澄んでいたのは、排気ガスがいっさいなかったことが大きかったように思う。

しばらく休憩したあとただちに第一回の首脳会談が行なわれたが、その内容については後日、帰国後に田中総理自らが明らかにしている。

「第一回の会談から、国交正常化を前提として両国の永遠の平和と友好のために、お互いに思い切ったことをいい合おうということになった。これまで国交正常化ができなかったのは、中国が共産主義の国であり、その内政干渉を恐れたことと台湾問題があったからだ。しかし社会主義は一枚岩ではないし、中国は侵略しないということが我が国でもわかってきた。また台湾問題については、本来あなた方で解決すべきことで、その尻をこちらに持ってこられても困るといった。

一方、中国側からは、かつて千数百万人が犠牲になったので、その縁者の中にはあなた方の訪中を喜ばない人々もいる。中国は革命を輸出しない。これは日本国民にはっきり伝えてほしい。また内政干渉もしないし、日本の脅威になることはない。こんなふうなやりとりだった」。このように首脳会談が、きわめて率直な意見交換だったことをうかがわせた。

訪中初日の夜、人民大会堂で周総理主催の歓迎晩餐会が開かれ、記者団も全員招かれた。人民大会堂に入ったのはもちろん初めてだったが、柱が一本もない巨大な会場に、度肝を抜かれた。おびただしい数の円卓が用意され、豪華な中国料理が供された。我々記者団の席は一番隅だったため、遠く離れた両首脳の表情や動きなどは、残念ながらよく見えなかった。

会場には「佐渡おけさ」や「金比羅船々」など日本の民謡が流れ、和やかな雰囲気だった。しかし、田中総理のあいさつのあとの拍手が少ないように感じた。その時は気のせいかもしれないと思っていたが、じつはあいさつの内容をめぐって、中国側に冷たい空気が流れていたとは知るよしもなかった。乾盃に次ぐ乾盃で、酒に強いはずの田中総理もさすがに足をふらつかせながら退場した。

翌日からの本会談は決して順調なものではなく、一時は決裂もささやかれるほどであった。しかし日中双方ともなんとか妥協点を見出そうとねばり強い交渉を重ねた結果、ついに合意に達し、二十九日の午前一一時一八分、田中総理と周総理が日中共同声明に署名した。こうして両国は、長くけわしい断絶の時代に終止符を打った。

署名後の会見でそれまで「アー」、「ウー」と、なかなか次の言葉が出てこないことから「アーウー大臣」とも呼ばれていた大平外相が、打って変わって歯切れのよい言葉で交渉の経過を説明した。その表情には喜びがあふれていた。続いて二階堂官房長官が「中国人民から日本国民に雄雌二頭のジャイアントパンダが贈られることになった」と発表すると、記者の間にどよめきが起きた。昭和天皇が英国を訪問された際、ロンドンの動物園でその愛らしい姿に魅せられて、なかなかその場を離れなかったことを知って以来、日本国内にはぜひ本物のパンダが見たいという声が強かったのだ。

両国の会談が始まってからは連日、中国の新聞もテレビもその模様をくわしく報道するようになったため、ついに国交が樹立したことを知った北京市民は大変喜んだ。そしてこの日午後二時半過ぎに田中総理らが上海に向けて出発する際には、二十五日の到着時の淋しさとは打って変わって賑やかな見送りとなった。

北京駐在の七〇ヶ国の外交官が空港に勢ぞろいしたほか、色とりどりのスカート姿の少女たちがタンバリンを打ち鳴らし踊りながら見送った。しかし私には、少女たちの笑顔がわざとらしい作り笑いのように見えて気になった。周総理もわざわざ上海まで同行したが、田中総理らは上海でも盛大な見送りを受け、翌三十日の午後帰国した。

しかし私自身、これほど大きな出来事を無事報道し終えたにもかかわらず、心のどこかにひっかかるものを感じていた。それは田中総理が決裂をほのめかすほど揉めたのは何だったのか、中国側はそれにどう対処し、どのような経緯を経て合意に達したのか、私の中で釈然としていなかったからだ。それを知るためには中国側の取材をしなければならないのだが、宿舎から一歩も出ることさえ許されない以上、不可能であった。もちろん帰国後も二階堂官房長官ら日中交渉にあたった人々への取材は続けたが、核心に迫る話は聞き出せなかった。

しかしその大きな理由の一つが通訳にあることが次第にわかってきた。というのも、中国側がしばしば外相会談など鍵を握ると思われる肝心の場に中国側の通訳しか同席させなかったため、日本側への取材には限界があったのだ。中国側の当事者に直接取材しなければ真相はわからないことが明白になった。しかし、そうはいっても壁は厚い。

そんな悶々とした気持ちを抱いたまま年月だけが過ぎ、あきらめかけていた。ところが田中訪中から三五年、日中関係が当時とは大きく変化しつつあった二〇〇七年（平成一九）夏、思いがけないチャンスが訪れた。周総理の厚い信頼を受け、ほとんどすべての会談で通訳を務めた周斌《しゅうひん》が健在で、日中交渉の秘話について中国各地で講演していることを、偶然インターネットで知ったのだ。

日中ともに当時の関係者の多くが帰らぬ人となった今、周は貴重な歴史の証人である。なんとしても周に会いたいと思い、中国人の友人に相談すると、さまざまなルートをたどって彼と連絡をとってくれた。果たして日本のジャーナリストに口を開いてくれるだろうか、そんな不安があったが、幸運にも快くインタビューに応じてくれることになった。取材の場に指定されたのは、上海市内のホテルだった。なんとか時間を作り、上海に飛んだ。

周は北京大学の東方言語学部日本語学科を卒業後、中国外交部に入り、多くの日中民間交流で通訳を務めたという。外交部は日本の外務省にあたるため、周は単なる一通訳にとどまらず、中国政府の対日政策なども知りうる立場にあった。もちろん私とは初対面だったが、当時の中国政府の考え方など、私の聞きたいことにすべて答えてくれた。

四時間にも及んだインタビューの内容は、同年の月刊『文藝春秋』十二月号に掲載された。きわめて貴重な証言なので、ここに再録しておきたいと思う。

私はまず、当時の中国政府が日本をどう見ていたのかという質問から始めた。

周　日中国交回復はかなり以前から周総理の念頭にあったと思います。私が初めて日本の政治家の通訳をしたのは一九五九年、新中国成立一〇周年に、病気で総理の座を降り、療養中だった石橋湛山さんを周総理が招待した時でした。

周総理は池田勇人、佐藤栄作両首相にも期待を寄せていましたが、結局かなわなかった。そのため、佐藤政権を誰が継ぐのかに強い関心を持っていたのです。そこで注目したのが田中角栄さんでした。通産大臣だった田中さんが南米を訪問した際、「私が政権を取ったら中国問題をやる」と発言したことを周総理は重く捉え、田中さんに賭けていたようです。

さらに決定的だったのは、一九七二年四月に訪中した三木武夫さんの発言でした。三木さんと周総理の会談も私が通訳したのですが、このとき三木さんは「佐藤後継の総裁選には私も出るが、勝ち目はない。最後は福田、田中の争いになると思う。田中は日中問題を間違いなくやるが、福田にはやる気を感じない。だから私は最後の決選投票では田中を支持する」といったのです。これを聞いて周総理は「ありがとうございます。立派な政治家として先生を尊敬します」と答えました。

田中内閣が誕生した一九七二年七月、周総理はただちに手を打ちます。上海バレエ団の東京公演です。このとき周総理は直前になって突然、廖承志《りょうしょうし》中日友好協会会長の右腕といわれた孫平化《そんへいか》さんを団長に据え、大平外相などを通じ、田中さんの訪中を歓迎する意向を伝えたのです。

一つ面白いエピソードをご紹介しましょう。この東京公演が開幕したとき、その模様が翌日の人民日報の一面トップで報じられたのですが、それを見た周総理が激怒したのです。そこには公演を観に来た日本の政財界、文化人など三〇名あまりの名前がずらりと並び、最後に文化庁の方の名が掲載されていたのですが、「名前の載った方々は大事な友人だが、もともと中国の良き理解者である。しかし文化庁からの出席は日本政府からの出席者と同じ重みを持っているのだ。それをおまけのように扱うとは何ごとか」というのが周総理の言い分でした。

その時はたしか午前三時頃でしたが、深夜にもかかわらず大事な会議が開かれていました。周総理は秘書に命じてただちに人民日報の編集長を呼び出したのです。就寝中に突然呼び出された編集長は直立したままでしたが、総理は「君は我々がやろうとしていることがわかっていないのか。文化庁の関係者は当然トップに扱うべきだろう。なぜこういう報道の仕方をするんだ」と厳しい口調で責めました。すると編集長は「東京にはご存じのように人民日報の支社がないので、新華社の記事をそのまま使ったのです」と責任を転嫁したのです。すると周総理は新華社を呼び出すよう命じました。時計を見るともう午前四時でした。やってきた社長が言った言葉は「この日、私は当直ではありませんでした」というものでした。この答えに周総理は「そういう問題ではない。我々の考えを報道のトップが理解していなくては駄目じゃないか」としばらく怒りが収まりませんでした。

周恩来総理がいかに日中国交正常化に執念を持っていたかがうかがえるが、同時に中国政府がつねに日本の政治の動向に注目していたかがわかった。そうした裏事情まで明かしてくれた周氏の話は信じてよいと確信した私は次の質問に移った。

――この年の二月に米国のニクソン大統領が電撃的に訪中しましたが、中国政府はそのことによって日中国交正常化に向けてどのような影響が出ると見ていたのでしょうか。

周　日本はアメリカの頭越しの態度に疑問を感じたはずです。したがって日本の政治家もいつかは自国の利益を考え、中国と国交を結ぶようになるはずだと期待しました。田中訪中の前準備として、七月二十五日に公明党の竹入義勝さん、九月十四日には小坂善太郎さんを代表とする訪中団が相次いでやってきましたが、我々の期待通りの動きになっていったのです。この時も私は通訳の一人でした。

――その時、竹入さんは田中総理から国交正常化の際の中国側の条件は何か、意向を探ってきてくれと頼まれていたようですね。

周　ええ。中国側の示した「対日三原則」は次のようなものでした。

一、中国政府はこの国を代表とする唯一の合法な政府である。
二、台湾は中国の一部である。
三、日台条約は不法であり、無効である。

このうち竹入さんが留保をつけたのは、第三の日台条約に関するものでした。これは後に田中総理との本交渉の際にも激しい論争を引き起こした問題ですから、簡単に説明しましょう。つまり日台条約はすでに締結され、国会でも国際社会でも承認されている。それを「不法」というのでは田中総理も受け容れにくいというのが、竹入さんの説明でした。それに対して周総理は「三原則の精神は堅持するが、その表現については中国に来てから相談すれば良い」と答えていました。

もう一つ、田中総理が非常に心配していて、竹入さんに確認してほしいと頼んだのは賠償問題でした。それに対しても周総理の答えは「賠償問題は解決済みです。賠償放棄ありがとうの一言だけでいいですよ」というものでした。ただし、周総理は「日台条約ですでに賠償を放棄しているから、今回も求めないというのでは決してない。中国は一貫して日台条約を認めていないのです」と釘を刺すことも忘れませんでした。

――九月の小坂訪中団は、まさに田中訪中の直前でしたね。

周　周総理自ら丸一日、訪中団の相手をして中国の立場を説明するなどの大歓迎だったのですが、その滞在中の九月十八日にとんでもないことが起きたのです。日台条約の失効を事前に説明するために特使として台湾に派遣された椎名悦三郎自民党副総裁が台北で、台湾との政府間交渉をすべて断つわけではないという趣旨の発言をしてしまったのです。それを知ると周総理はただちに小坂団長を呼び、三一名の訪中団を前に「椎名発言は絶対に飲めない」と激怒したのです。周総理が外国からの客人の前で怒ったのを見たのは、これが初めてでした。

その後、話は田中総理、大平外相、二階堂官房長官が北京入りした当日の様子へと入っていった。

――北京空港に田中総理が到着した際、二人は握手を交わし、その際二言三言話をしていましたが、どんな会話だったのですか。

周　その時、中国側の通訳を務めたのが私だったのですが、田中総理が「五十四歳で日本国総理になった田中角栄です。よろしくお願い致します」というと、周総理が「周恩来です。よろしくお願い致します」と応じたのです。しかし私は、どうしてわざわざ五十四歳というのだろうと不思議な感じがしました。

田中総理一行の宿舎は、中国政府の迎賓館である釣魚台の十八号館でした。ニクソン大統領もそこに泊まったもっとも格式の高い宿舎です。周恩来総理自ら宿舎まで送っていったのですが、そこでこんなことがありました。十八号館に着いた周総理が着ていたコートを脱ごうとしたら、田中総理が脱ぐのを手伝おうとしたのです。周総理があわてて「いや、自分でやりますから」というと、田中総理が「これから数日間は私がこの十八号館の主人で、周総理はお客様なのですから、手伝うのは当たり前です」と答えてコートを脱がせました。そんなこともあって、席に着いてからの雑談も大変和やかなものでした。

すると田中総理が「自分は今五十四歳で……」と話し始めたのです。周総理が笑いながら「そうですか。私は五十一歳で総理になって、もう二三年になります」と答えると、それ以後、田中総理は年齢の話をいっさいしなくなりました。

――その夜の歓迎晩餐会は最初のうちは「佐渡おけさ」や「金比羅船々」などの日本の民謡が流れ、和やかな雰囲気だったのに、田中総理のあいさつのあと拍手が少なく、会場に一瞬冷たい空気が流れたように感じたのですが、何があったのですか。

周　「佐渡おけさ」は田中総理が新潟県出身であり、「金比羅船々」は大平外相が香川県出身であったことから、事前にどんな曲が良いか調べてあったのです。これは客人をもてなすときの私たちの礼儀で、ニクソン大統領の訪中でも故郷の歌を演奏しました。

それが一変したのは田中さんがあいさつに立ち、「長い間、絶大なご迷惑をおかけしたことをお詫び申し上げます」といった言葉が日本人の通訳を通して中国語で述べられた瞬間でした。会場がシーンとなってしまったのです。

「千数百万人、二〇〇〇億ドルの損失を与えながら、ご迷惑とは何ごとか、言葉が軽すぎるし、誠意がない。これは受け容れられない」と、とくに外交部の人たちはいきり立っていました。拍手が少なかったのはそのためですが、私の記憶では、なかでも一番興奮していたのは喬冠華《きょうかんか》次官でした。晩餐会が終わったあと、別室に外交部の責任者たちが集まって議論を行なったほどです。

——周総理はどのような反応でしたか。

周　その瞬間は目をつぶって黙って聞いていました。田中総理と握手して別れる際に、「田中さん、ご迷惑をかけましたという日本語は軽すぎる。これはどういうことですか」と抗議していました。

——通常、お互いのあいさつ文は事前にその要旨を伝えるものですが、それはなかったのですか。

周　ありませんでした。私もその場で初めて聞きました。もし事前にあれば当然、私たち通訳の手元に届いたはずですし、その時点で中国側が黙っているわけがありません。

——周さんはあの時の日本側の通訳は正しかったと思いますか。

周　正しかった。私でもああ訳すしかなかったでしょう。日本側は四人の通訳を連れてきていましたが、その中では一番優秀な人でした。ハルピン出身できちんと中国語のできる人でした。

「迷惑」という言葉は、中国の人たちにどのような印象を与えるのだろうか。

在日一〇年、日本語にも精通している友人の中国人女性に解説してもらうと、中国語で「迷惑をおかけしました」を意味する「麻煩」という言葉は、足を踏んだりスカートに水をかけたりした場合に使うのだという。生死に関わるような事故や戦争などの謝罪には絶対に使われない。少なくとも「大変な罪を犯してしまいました」という言葉が必要だという。どうやら「ご迷惑をおかけしました」は英語の「アイ・アム・ソーリー」ぐらいの意味らしい。

――この「ご迷惑」発言は、翌日の第二回会談の大きなテーマになったのでしょうか。

周　確かに中国側からあの発言は認められないという強い不満はありましたが、それで会談が暗礁に乗り上げたということはありません。会談が紛糾したのは、日台関係をめぐる議論が大論争に発展してしまったからです。

席上、外務省の高島益郎条約局長が日台条約について発言したのがきっかけでした。彼は日台条約が無効になることを認めるかどうかは別として、中国側のいうように「不法」なものだとは絶対に認められないと強く主張したのです。しかしそれはすでに竹入さんを通して中国側の態度は説明してありります。どういう文言で表現するかを相談すればいいだけの話で、改めて議論の俎上に持ち出す必要はなかったのです。

台湾問題は対日政治三原則の中でももっとも重要な問題でしたから、周総理も「喧嘩しに来たのか、それとも問題を解決しに来たのか」と激しく迫りました。そして「これは一条約局長の発言なのか、それとも日本政府の態度なのか。もしこれが日本政府の態度だとしたら大問題だ」と大平外相に詰め寄る場面もありました。これは日本外交の交渉戦術の大きな失敗だと思います。

もう一つ時間がかかったのは、日中両国の外相がともにとても発言に慎重な方だったことが挙げられます。大平さんはアー、ウーとすぐ考え込むし、なかなか言葉が出てこないことが日本でも有名だったそうですね。中国の姫鵬飛《きほうひ》外相はそれに輪をかけて口の重い人でした。細かい部分は外相会談で詰めたのですが、これがなかなか進まない。のちに共同声明を作成する段階になってからも、二人は唸るばかりで二晩徹夜になってしまったほどです。

二回目の首脳会談以降、「ご迷惑」発言も台湾問題も膠着《こうちやく》状態に陥ってしまいました。それを一気に打開し、解決の方向に導いたのが九月二十七日、両外相だけの車中会談だったのです。この日、田中、大平、二階堂の三氏を姫外相らが案内して万里の長城にお連れすることになったのですが、大平さんからある申し出がありました。それは「万里の長城はいつでも見られる。姫外相と二人だけで話がしたい」というのです。すでに一号車には田中総理と姫外相、二号車には大平外相と呉徳北京市長、三号車には二階堂官房長官が乗っていたのですが、それを受けて周総理は急遽、姫外相と呉市長を入れ替えました。

二号車の後部座席に大平、姫の両外相、そして真ん中に通訳として私が座りました。前は運転手と警備で、日本人の通訳は乗っていません。周総理が「通訳は周君に任せる」といわれたのですが、両外相が亡くなってしまった今、この会議を直接聞いた証言者は私一人になってしまいました。こうして文字通り、一対一の会議が始まりましたが、それはとても率直な話し合いでした。

「姫さん、私たちは同い年でお互い政府のために頑張っている。それぞれがまず寄らなければならないのは自国の国民であり、利益だ。私は一番肝心なのは例の戦争の問題だと思う。率直にいいますと、私は個人的にはほぼあなた方の考えていることに同意します。

私も大蔵省入省後、約一年一〇ヶ月にわたって張家口を中心にさまざまな調査に携わった。戦争のもっとも激しい時期だったが、私の見た戦争は明らかに中国に対する侵略戦争である。弁解の余地はない。ただ外務大臣の立場、日本が置かれている状況や世界の情勢、それにアメリカとの間には同盟関係がある。中国側の要求をすべて共同声明に書き入れるのは無理だ。これはぜひ理解していただかないと、荷物をまとめて日本に帰るしかない。田中も徴兵され牡丹江に行ったが、病いのため陸軍病院に入院して、一度も銃を撃つこともなく終戦を迎えている。だから彼もあの戦争のことはよくわかっているし、私も同じ考えだ。

中国側の要求をすべて受け容れるのは無理だが、最大限の譲歩はする。そうでなければ私たちは中国には来ません。来た以上は政治生命を賭け、命を賭けてやっているのです。今度の話し合いがまとまらなければ、田中も私も日本に帰りにくい。右翼は騒ぐし、党内にも反対はある。しかし田中も私も決意したんです。どうかこのことを周総理にきちんと報告してほしい」。そう述べた大平さんは、涙ぐんでいるように見えました。

万里の長城まで往復で一時間半ほど。このほかにもいろいろ細かい話もありましたが、結局、大平さんのこの言葉がすべてでした。北京市内に戻った姫外相は、もちろんすぐに周総理のもとに飛んでいき、車中会議の模様を報告しました。

その夜、田中総理ら三人は食事中に突然、すぐ外交部の用意した車に乗ってくれといわれたが、着いたところが中南海の毛沢東主席の私邸だったことから、毛主席に会わせるためだったことがわかったという。しかしこれは単なる表敬訪問ではなく、両国の話し合いがまとまったことを意味していた。

——周さんはこの時も通訳を務めたのですか。

周　同席はしていませんが、通訳を務めた先輩から事細かに話は聞いています。それによると、会見の雰囲気は大変和やかで、まず毛主席が田中総理に「もう喧嘩は終わりましたか」と話しかけ、次に姫外相の方を指しながら「大平さん、この人はあなたをいじめませんでしたか」と問いかけたのです。大平さんは「いいえ、大変和やかに話をさせていただきました」と答え、田中総理も「雨降って地固まるです」と応じました。このあと毛主席が『楚辞集注六巻』を田中総理に贈りました。会見そのものは儀礼的なもので、政治的な話はいっさいなく、日本の外務省も日本側の通訳も同席していませんでした。

毛主席は別れ際に次のようなことをいったそうです。「私がこの世にいる時間はもう長くありません。まもなくマルクスのもとに行くでしょう」。しかし毛主席との会見について記者会見した二階堂官房長官は、この発言を伏せていました。もし毛主席が「自分はもう長くない」と発言したことが世界に報じられたら、大変な混乱が起きていたことでしょう。その意味で我々は二階堂さんに感謝しているのです。

その点については、一九九八年（平成一〇）五月に議員会館に二階堂官房長官を訪ねた際、事実だと認めて次のように語っている。

「夕食の最中に突然呼ばれて中南海に連れていかれたが、古い民家のような家だった。我々が到着すると毛主席が出迎えてくれたが、田中総理がちょっとトイレを貸して下さいというと、戻ってくるまでちゃんと立って待っていてくれた。

一時間ほどの間、毛主席の部屋で話をしたが、毛主席が昔話をしたり、親を大切にしなければいけないと修身教育のような話をしたり、大変和やかな雰囲気でした。帰り際に毛主席が神経痛が痛くてもうすぐ天に召されるようなことをいったが、記者会見ではあえてその部分には触れなかった。各国の記者がたくさんいるところでそんなことを報道したら困ったことになると思ったからです」。

そしていよいよ調印式を明日に控えた夜のことです。「ご迷惑」に替わる表現を共同声明にどう盛り込むかが難航して、すでに午前二時を回っていました。大平外相が「姫さん、これが私たちが譲歩できる最大限のものです」と突然、メモを取り出したのです。

「日本国政府はかつて日本が戦争を通じて中国人民にもたらした大きな災いに対して責任を痛感し深く反省する」。そのメモを日本側の通訳が訳すと、姫外相は「メモを見せてほしい」と要求しました。大平外相からメモを受け取った姫外相は、私にもう一度一字一句正確に訳せと命じたのですが、日本側の通訳は非常に正確に訳していました。そう伝えると、姫外相はじっとメモを見つめたまま答えようとしませんでした。

私はつい小声で、「姫外相、私が見たところ、これは認めてもいいんじゃないですか」とささやいてしまったのです。そのとたん、姫外相は「お前は何だ！」といってものすごい力で私の腿をつねったのです。私はびっくりしましたが、後から考えると、いくら姫外相に可愛がってもらっていたとはいえ、通訳の立場で口を挟んでよいはずがありません。

しばらくして姫外相は「大平さん、一つ提案があります。一〇分間休憩しましょう。その後で回答しますから」と口を開きました。これに対して大平外相も「結構です。私もこれをオヤジ（田中総理）に見せなければなりませんから」と答えたのです。つまりこのメモは、田中総理と文言を相談したものではなく、大平さん独自の考えだったことになります。

大平・姫外相は十八号館の一階で、共同声明を詰める作業をしていました。田中総理は同じ館の二階にいたため、大平外相は階段を上がっていきました。一方、姫外相も大急ぎで十八号館を飛び出し、周総理がいた隣の館で経緯を報告したのです。およそ一五分後に会談は再開されましたが、姫外相が「大平さんが示した表現で行きましょう。メモの言葉そのままで結構です。これは中国政府の最終的な態度です」と述べ、ついにこの問題は決着しました。そして共同声明には、ほぼそのままの文書が記述されました。

〈共同声明文　日本側は過去において日本国が戦争を通じて中国国民に重大な損害を与えたことについての責任を痛感し、深く反省する〉。

しかし、それでも中国外交部の中には「戦争」の前になぜ「侵略」の文字がないのかと不満を述べる人たちも少なくありませんでした。それに対して周総理は、前後の文脈から侵略戦争だと誰でも連想できると彼らを説得したのです。周総理には、もうこれ以上、田中・大平両氏を困らせたくないという寛大な気持ちがあったのでしょう。同時に日中国交会談を成功させることは、中国全体の世界戦略の一環でもあったのだと思います。

翌朝、私は朝食をとっている姫外相のところに行き、昨夜の出すぎた行ないについて「失礼しました」と謝ると、姫外相は「私でさえ決める権限がないのに、一通訳の君がこれでいいとは何ごとだ。重大な失言だよ」と叱られました。別れ際に「これでいいという君の意見は正しかったが、いうべきことではない」と改めていわれ、「一生の教訓にしなさい」と諭されたことを憶えています。

条約などについては共同声明の中には盛り込まず、別途、外相談話という形で日台条約が失効したことを明らかにすることで収まりました。

――一連の会議の中で日米安保についての議論はなかったのですか。

周　一度も議論されていません。日米同盟は国策であり、日中交渉の中でアメリカや日米関係を非難したらすべてが駄目になってしまうということは、中国側もよく理解していました。しかもこの年の二月にニクソン大統領が訪中して以来、中国にとっての最大の脅威はアメリカではなく旧ソ連になったのです。

こうして両国の総理と外相の共同声明への署名によってただちに発効し、日中の国交が結ばれたのだが、じつはこのあと上海に向かう段になってひと悶着起きていた。田中総理が、疲れたから上海へは行かないといい出したのだ。

疲れたというのは表向きの理由で、国交正常化のために北京に来たのだから目的が達成された以上、上海まで行く必要がないと考えたからである。すでに田中総理の頭の中は帰国後の政局で一杯だったのだが、それをなだめて中国側の顔を立てるべく懸命に説得したのは、大平外相であった。そのうえ、周総理が上海まで送ることになった。


——調印後、田中総理らの上海行きはあらかじめ決まっていたのですか。


周　日程的には決まっていましたが、周総理が同行することは決まっていませんでした。周総理は多忙でしたが、共同声明調印後、「国交回復という一大事業が成功したので、上海までお送りしましょう」と周総理の方から切り出したのです。これには田中総理も予想していなかったのか、驚きつつも「ありがとう、大歓迎です」と大喜びで機嫌を直したのです。

ところが田中さんは続けて「一つお願いがある。日本のDC8型機は先に行かせて、あなたの専用機で一緒に行きたい」といい出したのです。今度は周総理が驚いて「私の専用機はイリューシン18で古いし小さいから」と断ったのですが、田中総理がそれでも構わないというので、田中総理一行と周総理、姫外相、それに私たち中国側の通訳が乗り込むことになったのです。

私たちは、同じ飛行機でと敢えて要望するからにはきっとそれなりの理由がある、貿易協定や航空協定の話でも出るのだろうかと考えていたのです。しかし空港を飛び立って五分もしないうちに、田中さんはいびきをかいて寝てしまったのです。

失礼だと思ったのでしょう。大平さんが田中さんを揺り起こそうとしたのですが、周総理はその手を押えて「田中さんは疲れているのですから、そっとしておいて下さい。あなたと私で機内会議をやりましょう」といいました。この言葉に大平さんは大変感激していました。総理と外相では格が違いますから。

周総理が大平さんに「大平さんは中国の歴史や文学にも詳しいそうですね」と水を向けると、大平さんは「孔子、孟子、李白は読んでいますが、詳しくはありません。じつはこんなものを作ったのですが」と言って、ポケットから紙片を取り出しました。それは、北京の秋は最高に美しいが、その秋の景色より大事業をやり遂げたいまの心境はずっと明るいという内容で、周総理は「大平さんは詩も作るんですね」と感心していました。その詩は今でも外交部の資料館に収められているはずです。

——それは面白い。北京で田中総理も漢詩を作っていますが、大平さんも漢詩を披露していたとは。

周　また大平さんは「田中と大平の同盟関係はこれからも続くから、安心して下さい。私たちが健在のうちは、今回約束したことは必ず実行するから信頼してほしい」といったあと、寝ている田中さんを指差しました。

「この人とは二〇年の付き合いですが、非常に誠実で信頼するに値する人物です。欠点はご覧の通りの野人であること。人のいうことを途中でさえぎってしまう。田中には独裁者の性格もあるのです。他人の話を聞くのは嫌だ。もう黙っていてくれという調子なんです。佐藤前総理にもこんな調子なので、今回出発する前に、周総理は世界的な大政治家で三、四〇分も理路整然としゃべる方らしいから、途中で『わかった、わかった』といい出したら失礼になる。だから話をさえぎらないようにといおうとしたら、その話が終わらないうちに、もう『わかったわかった』ですからね。しかし田中は周総理を尊敬しているから四五分の長い間、総理のお話を最後まで聞いていたんですね」と、田中総理の人物評まで飛び出して、とてもいい雰囲気でした。

――機内でのエピソードも初めて聞くことばかりです。私も上海に同行取材しましたが、すごい歓迎ぶりでしたね。

周　田中総理一行を上海までお連れしたのは、北京だけでは中国人民の熱烈な喜びを表せないと考えたからです。飛行機が上海空港に着いたとたん、飛行場を埋めつくした人々の爆竹や太鼓、踊りの渦……。まさに熱烈歓迎でした。周総理が「これは国交回復を中国国民が祝福しているのですよ」と説明すると、田中さんは「俺、いいことをしたんだ。中国の国民に認められたんだ」と非常に喜んでいました。

夕食までの間、宿泊先の錦江飯店で一時間ほど休憩したのですが、その時の田中さんの部屋の光景が忘れられません。田中さんは部屋の床一杯に日本の新聞を並べ始めたのです。机の上に置いて目を通せばいいのにと思ったのですが、「この方が各紙がどう報じているか、ひと目でわかるんだ」といっていました。そして「周君、見てくれよ。九〇%が国交正常化に賛成してくれている。これで安心して帰れるよ」と子供のようにはしゃいでいました。国内の世論がすごく気になっていたのでしょう。

宴席でも田中総理は上機嫌で、マオタイを二〇杯は飲んだと思います。周総理は一滴も飲みませんでした。じつは、周総理はこの時すでに癌に冒されており、医師から絶対に酒を飲んではいけないと厳命されていたのです。北京でも上海でも、周総理が飲んでいたのはじつは水でした。しかし周総理は、病と闘っている素振りを決して見せませんでした。

――翌三十日、上海空港で別れる時、タラップの下で両首脳はどんな会話を交わしたのですか。

周　まず田中総理が「どうもありがとうございました。中国の人たちにも喜んでもらえて嬉しく思います」というと、周総理が「田中さん、中国人民はあなたが素晴らしいことを成し遂げたと評価していますよ」と讃えました。すると田中総理は「ぜひ一度、日本にいらして下さい。私が琵琶湖までお供しますから」と周総理を招聘したのです。

ご存じのように、周総理は一九一七年からおよそ一年七ヶ月の間、日本に留学しています。そして東京から神戸に向かい、そこから船で帰国したのですが、途中で見た琵琶湖の美しさが今も心に残っていると中国の人たちによく話していたのです。田中さんはこのエピソードを知っていたのですね。これには周総理も非常に感激していました。しかし多忙のうえ、病状が重くなったこともあり、周総理の訪日は夢と消えたのです。

最後にタラップに足をかけた田中総理に、周総理が名残り惜しそうに歩み寄り、「天皇陛下によろしく」と声をかけました。これが最後のやりとりでした。

現在の上海には二つの空港があるが、当時は一つだけで、田中総理一行が帰国の途についた空港は正式には上海虹橋国際機場（飛行場）と呼ばれていた。両国の間に見事な虹の橋を架けた田中総理の帰国にはふさわしい名前であった。

では、周総理をはじめとする中国首脳たちは、田中、大平両氏をどう評価していたのであろうか。

周　周総理は二人を非常に高く評価していました。田中さんは「外強」、大平さんは「内秀」というのが、周総理の人物評でした。

――もっとも長くそばにいた周さん自身の見た田中、大平はどんな人物でしたか。

周　田中さんで印象に残っているのは万里の長城の見学をした際、「ニクソン大統領は第二のろし台まで登りました」と説明したら「自分はそれよりも上まで行く」と言って、実際に第四のろし台まで登っていったことです。また、中国の記者の取材に「始皇帝がこんな長城を作ったのだから、自分も必ず日本列島改造を成功してみせる」と答えています。とにかく自信満々の人でした。それに噂以上の暑がりでしたね。北京市内よりも気温が二、三度低い万里の長城でも、汗びっしょりになっていました。そしてすぐに扇子を取り出す。その使い方は少なくとも学者タイプではありませんでした。

一方の大平さんは、演説はあまりうまくないし、発言も滑らかではありませんが、とにかく誠実で清潔な人という印象です。中国側でも、日本の政治家の中ではもっとも評価が高かったのは間違いありません。

このように、周氏は彼しか知らない事実も含め、当時の記憶をたどりながら驚くほど詳細に語ってくれた。だが、これらは中国政府にとってトップ・シークレットだったはずの事実ばかりだ。それをなぜ周氏はこれほど詳しく私に話してくれたのであろうか。その点を最後に尋ねた。

周　たしかに私が今になってこうした経緯を明らかにするのは、不思議に思われるかもしれません。私は五十二歳で外交部を退職しましたが、もちろん国家公務員としての守秘義務があります。しかし中国でも一定の期間が過ぎたものに関しては、情報公開を進めています。しかも日中国交回復の交渉経緯そのものは、日中双方にとって隠さねばならないような悪い話ではありません。

こうしたテーマで講演などを始めたときには、もちろん外交部の関係者にも訊ねてみましたが、内容が事実に基づくものであり、両国を傷つけるものでない限り、問題はないと認めてくれたのです。近年、日中間で不幸な軋《きし》みが目立ってきていますが、そうした時期だからこそ三五年前の国交交渉のすべてを明らかにすることで、もう一度両国にあのときの原点に立ち返ってほしいのです。

およそ四時間に及ぶ周氏へのインタビューで、私の疑問はすべて解けた。病を押してなんとしても両国の国交を結ぼうとした毛主席と周総理の凄まじいばかりの執念と、それに応えようとした田中総理と大平外相の粘り強い交渉力が浮かび上がってくる。今の日本を見渡したとき、これほどまで胆の据わった外交交渉のできる政治家がいるのだろうか。

第8章

航空機事故

1985年8月12日、我が国航空史上最悪の事故となった日航ジャンボ機墜落現場

一九六〇年代以降に多発した航空機事故の現場中継は、なんとも重苦しく、精神的にもきわめてきついものであった。

私が初めて航空機事故の現場に立ち合ったのは一九六六年（昭和四一）二月四日、札幌雪まつりの観光客などを乗せて、北海道千歳空港から羽田に向かっていた全日空のボーイング727型大型ジェット機が、羽田沖で墜落した事故であった。この旅客機には乗客乗員一三三人が乗っていたが、午後七時一分に千葉市上空を過ぎてから「有視界飛行に移る」と連絡したあと、消息を絶ってしまっていた。

暗夜の海上で大規模な捜索が行なわれた結果、四時間近く経った午後一〇時五〇分に東京湾内の羽田沖一四キロの水深二〇メートルに沈んでいる機体が発見された。冬の長い夜が明けるのを待って、日本テレビでも漁船をチャーターし、中継機材とアナウンサーを乗せて墜落現場に向かった。現場には前夜から海上自衛隊の一四人のアクアラング部隊が出動していたが、濁った夜の海での捜索は困難をきわめ、夜が明けても収容された遺体は二九体にすぎなかった。

一夜明けた現場は晴れ渡り、波もないおだやかな海であった。だが、やがてアクアラング隊員が次々と遺体を抱くようにして浮上してきた。我々のチャーターした漁船の目の前にも突然浮上してきたが、見ると遺体がくの字のように前に折れ曲がっていた。機体が突っ込んだ時に、シートベルトをしたままだった状況をうかがわせた。

その時は私はメインの中継担当アナではなく、アシスタントとして出向いていたためしゃべることはなかったが、実際に遺体を見たのはこの時が生まれて初めてであった。しかしその頃には、これも仕事だという職業意識が備わってきていたのか、その場では自分の身には何も起きなかった。だがその晩、うなされて障子を蹴破ったことからも、内心は大きなショックを受けていたのだろうと思う。

ところがそれからわずか一ヶ月後の三月四日、香港発羽田経由ブエノスアイレス行きのカナダ航空DC8型機が濃霧の中、羽田空港に着陸しようとして滑走路の延長線上にあるアプローチランプ（着陸誘導灯）に主脚を引っかけて滑走路南端の防潮堤に激突、炎上したのである。DC8型機が着陸高度を下げすぎたのが原因と見られるが、この事故で六四人が死亡し、八人が奇跡的に救出された。

事故が起きたのは午後八時一五分頃であったが、その時私は熱を出しており、自宅で休んでいた。しかし大事故とあっては、寝てはいられない。タクシーを呼ぶと、羽田空港に直行した。この時点で滑走路は全面封鎖されていた。腕章をつけて滑走路に入ると火はすでに消えていたものの、立ちのぼる白い煙から事故現場はすぐにわかった。だが、滑走路の一番端に墜落したために、なかなか現場に近づけなかった。

現場に向かって懸命に走ったが、その頃には自分が発熱していたことなどもうすっかり忘れていた。やっとの思いで現場にたどりついたものの、周りには異臭が漂っていた。かたわらにいた警官に制止されることもなく、大きく破損した機体のそばまで行くことができたが、機体の下に黒いコールタールのような塊が見えた。聞くと遺体だという。性別すらまったくわからないその姿から、いかにすさまじい炎だったかがわかったが、このような大惨事の中で八人が助かったことは奇跡としかいいようがなかった。

誘導灯はもともと三〇メートルおきに三〇本あるはずだが、防潮堤寄りではほとんど残っていないことが夜目にもはっきりとわかり、旅客機が主脚をそこに引っかけたことは明白であった。

ところがなんとその翌日、三月四日に羽田発香港経由ロンドン行きのＢＯＡＣボーイング７０７型機が富士山頂付近の上空で空中分解し、日本人一三人を含む一二四人全員が死亡するという大惨事が起きた。この日は天気も良く、乗客に上空から富士山を見せようとしたのか、わざわざ予定のコースを変え、有視界飛行に切り替えて山頂上空に達しようとしていた。しかしその頃、富士山頂付近に乱気流が発生していたことが観測されており、それに巻き込まれた可能性が指摘された。

この事故では私は現場に行くことはなかったが、次に私が関わったのは一九七一年（昭和四六）七月三日であった。札幌丘珠《おかだま》空港から函館に向かって計器飛行していた東亜国内航空の旅客機「ばんだい号」が、予定の函館空港の上空を高度一八〇〇メートルで通過したと報告したあと、消息を断った事故である。

この旅客機には乗客乗員六八人が乗っていたが、午後五時三一分、予定より一一分遅れて丘珠空港を出発していた。通常、函館空港の上空を通過したあと徐々に高度を下げ、一旦海上に出てから、その時の風向きによって右旋回か左旋回して着陸するのだが、当時の函館空港は滑走路が一三〇〇メートルしかないうえ、普段でも横風が強く、離着陸がむずかしいといわれていた。しかもこの頃、渡島半島西方にあった低気圧が北東進しており、その中心から温暖前線が函館付近を通り、三陸沖にまで伸びていた。

このため函館空港は霧雨で、〇・七メートルの北西の風が吹いており、決して視界は良くなかった。全日空機も東京発午後二時四五分と四時の函館行きの二便が欠航したほどであった。さらにこの旅客機の航路を追っていた奥尻島のレーダー記録を分析した結果、通常より一四キロも手前で着陸のための右旋回をしていたことがわかった。この事実から、悪天候により計器類に狂いが生じ、通常より早く旋回してしまったか、パイロットが計器を読み違えたことなどが考えられた。

午前三時二〇分に現地対策本部が設置され、陸上自衛隊、北海道警、地元消防団員ら約四〇〇〇人が陸から、自衛隊、海上保安庁などの船艇二五隻が海から、自衛隊、道警の飛行機、ヘリコプター四五機が空から懸命の捜索を行なったが、私が東京を発って翌朝に現地の放送本部に到着してもまだ発見されていなかった。

次第に焦燥感が増すなか、消息を絶ってからまる二四時間経った七月四日の午後五時二五分、空から捜索にあたっていた自衛隊のヘリが函館の北方、横津《よこつ》岳の山頂付近で「東亜」の二文字をつけた破片を発見した。現場は山頂から約二〇〇メートル下のブナや白樺の原生林に覆われた急斜面であった。

すでに夕やみが迫っていたが、遭難機発見の知らせに地上からは地元の消防団員や自衛隊員がただちに現場に向かった。縄ばしごで現場に降り立った自衛隊員から、機体はバラバラで、遺体も完全に形をとどめているのは四体だけという悲惨な報告が入ってきた。報道陣もただちに現場を目指したが、原生林でしかも足場が悪く、夜の行動は危険だという判断からほとんどの者が途中で断念し、下山せざるをえなかった。しかしどうしても現場に行きたいと思った私は、夜明けを待ってタクシーを呼び、別ルートで登山道を行けるところまで行ってもらうことにした。北海道の朝は早い。四時過ぎにはもう明るくなっていた。

横津岳の登山道は、墜落現場からほど近いところを山頂に向かって伸びていたが、木はなく、笹が生い繁っているだけで見晴らしは良かった。すでに前夜までの濃い霧は晴れており、山頂までくっきり見えた。このまま山頂まで行けば、墜落現場を見下ろせるかもしれないと思ったのだ。

しかし登山道といっても、タクシーが登るには限界がある。これ以上は無理だというところでタクシーを降り、そこからは歩かざるをえなかった。見渡しても人っ子一人いない。いったいどっちの方向なのだろうと登っていると、左手の深い森の方からかすかに人の声が聞こえた。その方向が現場に間違いないと確信し、笹やぶをかきわけて進んでいくと、突然急な下り斜面にぶちあたった。人の声はますます大きくなり、声の数も増えてきた。

どうやって下りようかと考えながら、わずかな路でもありはしないかと探したが、どこにも見当たらなかった。そこで意を決して、その斜面を滑り下りることにした。幸い斜面は全面笹竹だったので笹竹がすべり台の役目を果たし、あっという間に下まで滑り落ちた。一〇メートルほどの高低差があったように思う。

ところが上を見上げると、そこで驚くべき光景が目を射貫いた。木の枝から一人の男性の遺体がぶらさがっていたのだ。着衣から乗員のように見えたが、さすがにじっくり見るだけの勇気はなかった。あたりを見渡すと遺体が散乱し、あまりの惨状にしばし呆然と立ちつくした。見ると機体の破片らしいものはあるのだが、木々がなぎ倒されている範囲が意外に狭いことに気づいた。この状況を見て私は、航空機が山肌を滑るように落ちたのではなく、突き刺さるように鋭角に突っ込んだのだろうと思った。

ふと気がつくと、下から現場に入ったカメラクルーがすぐそばで取材していたが、私がいち早くこの現場の状況を伝えるために麓の取材本部に戻ることを告げると、それまでに取材した素材を持ち帰ってくれと頼まれた。そこでもと来た斜面を登って登山道に戻ろうとしたのだが、そこでとんでもないことに気がついた。迂闊《うかつ》にも、私は革靴で現場に来てしまっていたのだ。笹竹は当然滑る。懸命に笹にしがみついて登ろうとするのだが、登っては滑り、登っては滑りしてなかなか登れない。やむをえず、笹竹のない斜面を見つけ、木の根などにつかまりながらわずか一〇メートルを登り切るのに三〇分以上かかってしまった。それで体力を使い果たしてしまったのだろう。上に着いた途端、ふらふらして太陽が黄色く見えた。

もちろん朝食はとっていないし、水さえ持っていなかったのだから、衝動にかられてとんでもない危険な行動をとっていたのだ。しかもやっと登り切って元の場所に戻ってみると誰もいないし、待っていてくれと頼んだタクシーもあまりにも帰りが遅いと思ったのかすでに帰ったあとだった。すると天の助け、登山道の上方から自衛隊のジープが一台下ってきた。訳を話して麓まで乗せてもらうことができた。

こうして中継本部で託された素材を渡すと、一様に驚いた顔をされた。なんと素材を私に託したクルーが下山する途中、車が事故にあい、今しがた病院に運ばれたところだという。振り返ってみると軽率な行動をとったにもかかわらず、何と運が良かったことだろう。現場でぐしょぐしょになったズボン姿のままリポートを終え、そのまま遺体安置所に向かった。

ところが函館での取材を終えて帰京してからわずか四週間後の七月三十日、今度は岩手県花巻市の北一〇キロほどの上空で、全日空機と自衛隊機が空中衝突するという大惨事が起きた。全日空機には乗客一五四人、乗員七人が乗っていたが、午後一時二五分に千歳空港を発ち、羽田に向かっている途中、午後二時一一分に羽田の管制塔に緊急連絡した直後に墜落した。

衝突した自衛隊のF－86Fジェット戦闘機は午後〇時三〇分頃、松島基地を飛び立ち、編隊飛行訓練中の一機であった。二人の乗員はパラシュートで脱出し、一人は死亡したが、一人は軽症ですんだ。同じ頃、近くを飛んでいた東亜国内航空三機の機長がいずれも緊急事態発生を知らせる電波を傍受、ほとんど間を置かず、「アー、アッ」という操縦士と思われる悲鳴を聞いている。自衛隊機と空中で接触した全日空機はきりもみ状態で落下、途中で空中分解したものと見られ、バラバラになった機体や遺体は六キロ四方という広い範囲に散乱していた。

一報とともに社を出て夕刻現地に着いた私は、すぐその足で墜落現場と見られる雫石《しずくいし》の森に足を踏み入れたが、そこにはまだ救助隊の姿はなく、あちこちに遺体が散乱していた。着衣はボロボロであったが、その中の一人はズボンが脱げかかっていた。ベルトまでは見えなかったが、頭から落ちたためだろうか、八〇〇〇メートルもの上空から落下するとズボンが脱げるほどの猛烈な圧力がかかるのだということを実感した。それまで見た航空機事故とは比べものにならないほど遺体の損傷はひどく目を覆いたくなるような惨状であった。

事故が起きた空域は北海道と羽田を結ぶ民間航空機の幹線ルートで機種や速度により、上りが三、

五、七、九〇〇〇メートルの奇数高度、下りが二、四、六、八〇〇〇メートルの偶数高度で飛ぶことになっているが、この時の自衛隊機は計器を使わない有視界飛行、つまりパイロットが目視しながらの訓練であった。有視界飛行の自衛隊機が民間機のルートに接近する時には、航空自衛隊浜松基地と東京羽田空港の管制塔間で連絡し、民間機の飛行状況について正確な情報を自衛隊に流し、空中衝突を回避する方法がとられていた。

しかし、事故当時の全日空機は決められた範囲内の八四〇〇メートルで飛行していたのに対して、編隊飛行中の自衛隊機の高度は八五五〇メートルと高度差はわずか一五〇メートルだった。秒速二四〇メートル以上のジェット機が衝突前に相手機を確認したとしても、絶対に回避できなかったと思われる。しかも旋回したり急上昇して衝突を避ける措置をとった形跡がまったくないことから、有視界飛行なら当然周囲に目を配るべきなのに、それを怠った自衛隊機による完全な人災であった。

じつは航空関係者の間では、かなり前から次に発生するのは空中衝突だと憂慮されていた。運輸省の調べでは、この事故の前までに異常接近、ニアミスが一九六九年（昭和四四）に二〇件、七〇年に二八件。防衛庁の記録している自衛隊機対民間機のニアミスは一九六九年一二件、七〇年一八件、七一年はこの事故までにすでに一〇件報告されており、それに具体的な手を打ってこなかった運輸省の責任も厳しく問われる事故であった。

それから一四年後の一九八三年（昭和五八）、現場にこそ行かなかったが、私にとってなんとも後味の悪い航空機事故が起きた。それは米国のアンカレッジから韓国のソウルに向かっていた大韓航空のボーイング747型機が、サハリン近くのソ連領上空で撃墜された事故である。大韓航空撃墜事件とのちに呼ばれた。

この旅客機には日本人二七人を含む乗客乗員二六九人が乗っていたが、九月一日午前三時二六分にニッピポイントと呼ばれる地点を通過したのが確認されたあと、消息を断った。その三分後の三時二九分に、航空自衛隊稚内レーダーサイトがサハリン南部を横切り、北緯四六度三〇分、東経一四一度三〇分付近で旅客機の機影が消えたことを確認した。しかしそのコースは予定のコースを大きく外れ、ソ連の領空を侵犯していたことは間違いなかった。

午前一一時に、韓国外務省が旅客機はサハリンのネベリスク付近の空港に強制着陸させられ、全員無事と発表したことから、私もその旨をニュースで伝え、日本テレビの報道局内もそれで落ち着いた。それ以前にも、一九七八年（昭和五三）四月二十一日に、パリ発アンカレッジ行きの大韓航空機がやはり領空侵犯したとして強制着陸させられたことがあっただけに、今回も同様の措置がとられたと思われた。

しかし午後になってソ連政府が「そのような旅客機はソ連領内には存在しない」と発表したことから、全員無事というのが誤報であったことが明らかになり、再び報道局内は騒然となった。私もその旨をニュースで伝えねばならなかったが、暗澹たる気持ちであった。そして日本時間の深夜になって、アメリカのシュルツ国務長官が国務省で緊急記者会見を行ない、消息を絶った大韓航空機がサハリン近くのソ連領内の上空でソ連のミグ戦闘爆撃機のミサイルによって撃墜されたと発表した。

同時に日本でも、大韓航空機を撃墜したと受け取れる交信を自衛隊がキャッチしていることが明らかになった。海上保安庁ではただちに同海域付近に巡視船を派遣したが、ソ連側が現場付近の捜索を阻んだため、なかなか情報が入ってこなかった。

それにしても大韓航空機がなぜ急にコースを外れ、ソ連領内に侵入したのかは大きな謎であった。航空関係者は正規のルートなら幅が九〇キロあるので、計器飛行でコースを外れることは考えられない。考えられるとしたら、INS（惰性航法装置）が何らかの理由で突然狂ったか、通常は出発時にコースをセットすればコンピューターが自動的にコースを設定してくれるはずなので、入力時に設定を間違えたとしか考えられないという。

大韓航空機は領空を侵犯してから数機のミグ機に追尾され、最後はミサイルで撃墜された。民間機といえども断固として許さないという軍事優先のソ連の姿勢は、せっかく融和ムードの出始めていた米ソ間ばかりでなく、世界情勢に暗い影を落とすことになった。日本の最北端、宗谷岬の丘の上には大きく翼を広げた鶴の慰霊碑がサハリンの方を向いて建っている。

その後も航空機事故は海外でも多発していたが、もう二度と起きてほしくないと願っていた日本でも一九八二年（昭和五七）二月九日、福岡発羽田行きの日航DC8型機が着陸直前、突然機首を下げたため滑走路の手前三〇〇メートルの東京湾に墜落するという事故が起きた。

この事故では乗客乗員一七四人のうち二四人が死亡、一五〇人が重軽傷を負ったが、操縦士が副操縦士の制止を振り切って逆噴射レバーを操作するという異常操縦によるものだった。この操縦士は一年余り前に心身症、抑うつ状態を診断され、自宅静養後に復帰していた。そのため、事故当時は精神状態が正常ではなかったとして刑事責任を問われなかった。そうした前歴があるにもかかわらず人命を預かる機長に現場復帰させた日航が厳しい批判を浴びたのは当然だが、「逆噴射」が非常識な行動を意味する言葉として一時流行語になったほど異常な事故であった。

それから三年余り経った一九八五年（昭和六〇）八月十二日、我が国航空史上最悪となる大惨事が起きた。乗客乗員五二四人を乗せて、午後六時一二分に羽田を発ち、大阪に向かった日航ジャンボ機が、飛び立って間もなく相模湾の上空で突然操縦不能になり、なんとか羽田に戻ろうとしたものの予定のコースを右へ大きくはずれ、八の字を描くように揺れるダッチロールの末、長野県と群馬県の県境付近で消息を絶ったのである。

日航機がコースを大きくそれて飛んでいるという一報が入ってきた時、報道局では幹部会が開かれていたが、もちろんただちに中止して情報の収集にあたった。しかし通信の途絶えたのが午後七時頃と、真夏とはいえ夜のとばりが降りていたため、なかなか機体が見つからなかった。夜を徹して空から捜索に当たっていた自衛隊の救難ヘリが、群馬県上野村の御巣鷹《おすたか》山（標高一五六五メートル）の斜面に激突したジャンボ機の残骸を確認したのは、そろそろ夜が空け始める午前四時であった。

機体は尾根の両斜面に拡がり、広範囲にわたって木々がなぎ倒され、まだ所どころで火がくすぶっていた。墜落現場にはレスキュー隊員がヘリから緊急降下して、ただちに捜索活動が始まったが、午前一〇時五五分頃、散乱した機体の下などから奇跡的に生存していた四人が相次いで発見された。

機体に挟まれるような状態で発見されたのは吉崎博子さん（当時三四歳）と娘で小学三年の美紀子さん、中学一年の川上慶子さん、スチュワーデスの落合由美さんだった。のちに川上慶子さんが墜落直後、父親から「大丈夫か」と声をかけられたほか、妹が「助けて」と叫んでいたこと、周囲で人のざわめきが聞こえていたと証言したことから、まだほかに生存者がいたと思われる。しかし間もなく息絶えたのか、夜明けとともに始まった捜索の結果では、残念ながら四人のほかに生存者はいなかった。

そして間もなく、搭乗していた人々の名前が公表された。その中に歌手の坂本九の名前を見つけた時には目を疑った。一九六九年（昭和四四）七月二十一日、アポロ11号のアームストロング船長が人類初の月面着陸に成功。日本テレビも特番を組んだが、その際に日比谷公園の特設スタジオで私は彼と一緒に出演していた。坂本九は八月十二日午後、NHKのスタジオでの録音を終え、大阪の友人の事務所開きに出席するためこの便に乗り合わせていたのである。

私は事故発生以来、東京のスタジオで特番の司会を務め、現場の記者からのリポートを通じて報道していたが、機体の大きさ、犠牲者の数の多さから、それまで私が実際に見てきたどの事故よりも凄惨な現場になっているだろうということは、送られてくる映像でも充分わかった。

しかし、どうしてもこの目で現場を見ておきたいという思いから、事故から五日目の土曜日に現場を目指すことにした。その頃には遺体はすべて収容されていたが、乗客の遺留品や散乱する機体には、まだほとんど手がつけられていない状態であった。もちろん現場では、日本テレビの取材班ががんばっていた。そろそろメンバーを交代させる時期なので頂上までヘリで運ぶといってくれたのだが、どんな険しいところかを体験したかったのでその申し出を断わり、麓の上野村から歩いて登ることにした。

もともと登山道があるわけではない。捜索隊の踏み跡をたどり、ある場所では浅瀬を歩いたり、それほど高くない堤防をよじ登ったりしながら、川沿いの原生林を登ることほぼ一時間。左手の崖の下に機体の一部が引っかかっていた。どうやら胴体の一部らしかったが、近づいて周囲を探しても何も落ちてはいなかった。ただはるか上の方で人の声が聞えていることから、現場近くまで登ってきたことはわかった。

そこからはかなりきつい登りだったが、急に目の前が開け、そこにはさまざまな物が散乱していた。おそらくかなり深い森だったのだろうが、残っているのは木の根と焼け焦げた樹木の一部だけで、大勢の自衛隊員や地元消防団員らが強い日差しの中、急斜面で黙々と作業を続けていた。その斜面を登り切ると反対側も急な下り斜面になっており、そちらにもおびただしい数の遺留品や機体の破片などが散乱していた。そこがちょうど尾根だったようで、日航機はその尾根に激突し、両斜面に機体が散らばったのだろう。

そこに立って南の方を見ると、谷を隔てたもう一つの尾根筋に一ヶ所だけV字型に切れているところが見えた。その瞬間、私は南の方角から迷走してきたジャンボ機がその部分の木々に機体の一部をぶつけ、そのまま失速して谷を隔てた御巣鷹山の尾根に激突したのだろうと推察した。その際、バラバラになった機体の一部が先ほど登ってくる途中で見たあの部分だったのだろうと思った。

機体の一部が土にめり込んでいるところがあり、いかに激しい勢いで突っ込んだかがわかるが、大型のジャンボ機だったとはいえ、こんなにも木々をなぎ倒すものかと呆然とした。現場を見て回るうち、奇跡的に救助された四人がどんな気持ちで一夜を過ごしたのだろうと考え、現場で一夜を明かすことにした。しかし寝る場所があるわけではない。土にめり込んだ機体の上で休むことにしたが、疲れていたのか知らないうちに眠っていた。

夜中にふと目をさますと満天の星空だったが、しーんとして物音一つしなかった。あちこちに寝ているのが自衛隊員や消防団員だとわかっていても不気味なのだから、周囲に遺体が散乱する中で四人はどんなに怖かったことだろう。

当初、事故の原因は尾翼の一部が相模湾で発見回収されたこと、パイロットがジェット機の右側最後部のドアの故障を無線連絡してきたこと、救助されたスチュワーデスが突然大きな音とともに最後部の天井に穴が開いたと証言していることから、尾翼が何らかの原因で欠落し、油圧系統に異常が生じたため操縦不能に陥ったという見方が有力であった。しかし尾翼は左右方向、上下方向を安定させるための飛行上もっとも大切な部分であり、とくに念入りに設計されていることから、突然尾翼が欠落することは考えにくかった。

その後、墜落現場で回収された後部隔壁を修復したところ、六本の大きな亀裂が生じていたことがわかり、俄然、隔壁主因説が強まった。パラボラアンテナのようなお椀型のその隔壁は、尾根筋の北側斜面の沢に落ちていたのは私も目撃している。この後部隔壁は航空機の最後部にあり、客室とは壁で仕切られているが、そこが破壊すると機内の気圧が一気に下がってしまう。やがてその隔壁について、とんでもないことが明らかになった。

じつはこのジャンボ機は七年前の一九七八年（昭和五三）の六月二日に、大阪空港で尻もち事故を起こすという前歴があったのだ。羽田から大阪空港に着陸する際、Ｂ滑走路の南端から三二〇メートルの地点で一旦着地したあと、バウンドして浮き上がり、四六〇メートルも先の滑走路に尻もちをつくような形で止まった。その際、胴体の外板にしわができたほか、機体の後部にある隔壁を損傷してしまった。

その時、一ヶ月かけて修理したのが、この航空機を製造したボーイング社であった。修理は無傷だった上半分と、亀裂を生じたため取り替えた下半分を真ん中でアルミの合金板で貼り合わせた。しかしその際、三列打ち込んだリベット（大型の鋲）のうち一列が、反対側まで貫通していなかったという。つまり合金板が完全にとまっていなかったのだ。九月六日になってボーイング社はその事実を認めたが、同時に不適切な部分が全体の一七％にも及んでいたことを明らかにした。

大惨事はまさに人災ともいえるものだったが、これでジャンボ機の安全神話は打ちくだかれ、当然それまでの検査で見落としてきた日航に対しても、合理化を追求する社の姿勢に厳しい批判が寄せられた。

第9章

沖縄返還

太平洋戦争末期、沖縄島民が追いつめられた南部戦跡と著者

一九七二年（昭和四七）五月十五日午前〇時、沖縄は悲願の祖国復帰を果たし、四七番目の県として新しい門出を迎えた。

午前一〇時半から、東京と那覇で同時に記念式典が行なわれた。東京の会場となった日本武道館には両陛下（昭和天皇と香淳皇后）もご臨席になり、佐藤栄作首相が「今日以降、私たちは同盟相寄って喜びも悲しみもともに分かち合うことができる。今後豊かな沖縄県づくりに全力をあげるつもりである」とあいさつした。

一方、復帰と同時に初代沖縄県知事となった屋良朝苗主席は、那覇で開かれた式典で「戦後沖縄の厳しかった日々を思い起こすとき一入《ひとしお》の感慨を覚える。復帰は沖縄県民の努力によるが、同時にこれに呼応した本土の皆さんのご支援、政府の協力のたまものである」と述べた。しかしその一方で「復帰の実態を見るとき、軍事基地の態様をはじめ多くの問題が未解決のまま残されており、県民の立場からすると決して満足できるものではない」とあいさつした。

太平洋戦争中、日本本土はB‐29の猛爆によって焦土と化したが、我が国で唯一地上戦の行なわれた沖縄はそれこそ筆舌につくしがたい苦しみを味わわなければならなかった。一九四五年（昭和二〇）四月一日に米軍の大部隊が沖縄本島に上陸、圧倒的な戦力によってたちまち島の中央部を占領したため住民たちは北と南に分断されてしまったが、南に向かった住民はとくに悲惨な目にあった。というのも、日本軍の司令部が南へ南へと後退したため、それを追って米軍も攻撃の焦点を南部に向けたからだ。

着のみ着のままで南へ逃げた人々は、自然の洞窟などに潜んだ。だが米軍の火炎放射器に追われ、ひめゆりの塔で象徴されるように若い女性や老人たちが集団自決したり、追いつめられて断崖絶壁から身を投げるなどして、島民十数万人が犠牲になった。こうした組織的な戦闘は六月二十三日の司令官の自決で終わったが、八月十五日に日本が無条件降伏したあとも、沖縄に平和は訪れなかった。

翌一九四六年一月二十九日、GHQの覚書によって北緯三〇度以南の沖縄、宮古、八重山、奄美群島が日本から行政上分離されてしまった。つまり日本政府の行政の圏外に置かれ、日本国でありながら、いっさい手出しのできない地域になってしまったのである。

沖縄の施政権を手に入れたアメリカは、一九四四年（昭和一九）に旧日本陸軍航空本部が建設した嘉手納飛行場を有無をいわせぬ土地の強制収奪によって拡張したのをはじめ、一四四ヶ所、じつに沖縄全島の一四・四％に米軍基地を建設したのである。沖縄の中に基地があるのではなく、基地の中に沖縄があるといわれた由縁である。

とくに嘉手納基地は極東最大の米軍基地として、北爆のためB－52爆撃機が北ベトナムに向けて飛び立ち、湾岸戦争では一万人以上の兵士が出撃するなど、戦争で大きな犠牲を払った沖縄は県民の反戦平和の強い願いもむなしく、戦争加担の島の様相を呈していった。

こうした状況に危機感をつのらせた沖縄に、一九六〇年（昭和三五）四月二十八日、教職員、官公労、革新政党など一七団体による沖縄県祖国復帰協議会（復帰協）が結成され、復帰に向けた強力な大衆組織となった。日増しに強くなる住民の反発に頭を痛めたアメリカは、一転して基地として使用している軍用地の借地料を引き上げる手に出た。

アメとムチで住民を懐柔しようとしたのだろうが、ベトナム情勢がアメリカ側に不利になるにつれ、このことがかえってアメリカの財政事情を悪化させる一因となった。そのためアメリカも沖縄問題を真剣に考えざるをえなくなったが、一九六五年（昭和四〇）八月に沖縄を訪れた佐藤首相が「沖縄の祖国復帰が実現しない限り、我が国の戦後は終わらない」と述べたことも、復帰に向けての気運に拍車がかかった。さらにこれを受ける形で一九六六年九月にアメリカ政府内に沖縄特別作業班が設置され、本格的な沖縄返還に関する討議が始まった。

そして翌一九六七年十一月に渡米した佐藤首相とジョンソン大統領の間で、沖縄返還については継続協議とするものの、両三年内に時期を決めるという共同声明が発表された。しかし同時にベトナム戦争についてアメリカの立場を支持することも明記されたことから、沖縄返還はその見返りではないかという疑念も呼んだ。しかし、ただちにではないものの祖国復帰の目処《めど》がついたとして、政府も本腰を入れて準備を進めることになった。

そして一九六八年（昭和四三）十一月十日に初の沖縄行政府の主席選挙が行なわれ、即時全面返還、基地・安保反対を主張する屋良朝苗革新統一候補が当選し、屋良主席との間でさまざまな問題を詰めていくことになった。なにしろアメリカの統治下に入って以来、法規の上でも本土とは違っていたため、その一体化をどういう手順で進めるか、また経済格差をなくすためにはどうしたらいいかなど、復帰までに解決しなければならない課題が山積していた。

こうした協議が本土と沖縄で進められる中、一九六九年十一月二十一日、再度渡米した佐藤首相とニクソン大統領の間で一九七二年に返還されることが正式に決まった。その際、大きな争点になったのは核の問題であった。

我が国は核について「持たず、作らず、持ち込ませず」という非核三原則を掲げ、佐藤首相も「核ぬき本土並み」で会議に臨むとしていたが、共同声明では核兵器に対する日本国民の特殊な感情およびそれを背景とする日本政府の政策について深い理解を示すという表現にとどまった。その一方で、日米安保条約の事前協議制度に関する米国政府の立場を害するものではないとされたことから、将来絶対に核を持ち込まないという保証にはならないという意見や、事前協議としたものの原子力潜水艦が頻繁に入港している以上は言葉のあやにすぎないという厳しい声もあった。

しかも沖縄の人たちは、政府が「核ぬき本土並み」という以上、基地の数や規模も本土並みになるものと期待していたのだ。しかし実際に復帰時に返還されるのはわずかに五八・四平方キロだけで、引き続き米軍基地として残るのは八七基地、二八六・六平方キロと、本土の米軍基地の総面積二九一・四六平方キロとほぼ同じで、神奈川県の一〇分の一以上に相当した。「基地の島」であることに変わりはなかった。さらに返還された土地も米軍が基地建設のために削り取った跡地で、ほとんどがすぐには使いものにならなかった。それが現在まで続く沖縄の基地反対闘争の根幹なのである。

そんな沖縄に私が初めて入ったのは、復帰を一年後に控えた一九七一年(昭和四六)五月だった。じつはこれが私にとって初めての海外旅行であった。

その頃はまだ外国へ出かけること自体が夢のような時代であった。生まれてこのかた一度も海外に行ったことのない私にとって、会社からパスポートを用意しろといわれて初めて実感が湧いたくらいであった。しかも恥ずかしいことに、日本の領土であるはずの沖縄になぜパスポートが必要なのかも理解できないほど、沖縄に対して無知であった。

それだけに、この時の取材は私にとっては驚きの連続であった。外国扱いなのだから、那覇に着くと当然、税関を通らなければならない。そこを通ることさえ初体験であった。まだ五月だというのに沖縄はすでに夏で、航空機から降り立った途端、あまりの日差しの強さに目が開けていられないほどであった。東京との温度差にもまず面喰らったが、那覇市内に入ると、立派な広い道路が真っ直ぐ北に伸びているのに目を見張った。

それは沖縄のいたるところにある米軍基地を結ぶ幹線道路で、軍用一号線と呼ばれ、総延長は二三〇キロに及び、すべて米軍が作ったものだという。しかし一歩その道をそれると未舗装だったり、簡易舗装だったり、その差は歴然としていた。

そんな中、一面の焼野原だった市内に奇跡の一マイルと呼ばれる国際通りがあり、かなりの賑わいを見せていた。軒を連ねる商店には衣類や食料品、豊富な南国の果物、本土では見たことのない色鮮やかな魚などが並んでいた。気がつくと、どの店にも必ず「A」と書かれた札がかかっていた。これがアメリカ民政府から与えられた営業許可証であった。

品物は決して高価なものはないが、かなり品数はそろっているようだった。しかし正札はすべてドル表示だ。同行した田口紘カメラマンはコーラを買い求めようとしたところ、「七セン」といわれ、ずいぶん安いと思ったらじつは「七セント」のことで、沖縄がドル社会だということを実感したと当時を振り返っている。

当然、日本でありながら日本円は通用しなかったが、ドルから日本円への通貨切り替えがじつは「本土との一体化」の中でもっとも重要な問題の一つであった。当時の世界経済は米ドルを基軸通貨としてドルと各国通貨との交換比率を固定する為替相場制によって成り立っていた。日本円は一ドル＝三六〇円と決まっていた。

ところが復帰直前になってニクソン大統領が変動相場制に移行したため、屋良主席は日本政府に対してあくまでも三六〇円で交換するよう強く要請した。しかし日本政府は交換レートを三〇五円とし、差額の五五円は特別給付金の名目で補償することになった。ドルと円の交換は復帰当日の一九七二年五月十五日から二十日まで行なわれたが、商品価格の円表示を一ドル四〇〇円に読み替える便乗値上げがあり、消費者物価はわずか一ヶ月で一四・五％も上昇してしまった。

この通貨交換以上にむずかしかったのは、交通区分の問題であった。

当時の沖縄では車はすべて右側通行だったが、復帰後は当然本土と同じように左側通行にしなければならない。しかしいきなりは無理なので、まず復帰当日に交通表示をマイルからキロに変えてしばらくスピード感覚に馴れさせ、それから充分な準備期間を経て復帰六年後の一九七八年（昭和五三）七月三十日の午前六時を期して、左側通行に切り換えた。

それまでの沖縄の車はすべて左ハンドル（そのほとんどは日本本土からの輸入車）であったが、左ハンドルから右ハンドルの車に替えるだけでは済まなかったのがバスだ。なぜならバスは右側通行なら乗降口は右側だが、左側通行なら乗降口も左側にしなければならないからだ。つまり、すべて作り替えなければならない。

当然、運転士は左ハンドル車から右ハンドル車への変更に何回も練習したはずだが、左右が入れ替わった七月三十日には、案の定バス事故が続出した。その日一日だけで人身・物損あわせて八二件もの事故が起きた。一番多かったのが、路肩との距離感がつかめないための事故であった。

ベテランの運転士さえ、とくに対向車とすれ違う際に路肩との距離がつかめないと口をそろえるほどであった。そのためサイドミラーをぶつけたり、路肩を踏み外して横転するバスもあったが、悪いことに新しく作り替えたバスはゆったりとした座席にしようと約五〇センチ胴長になっているのがほとんどであった。当時、バスしか交通手段のなかった沖縄の人々の不安は、しばらく消えなかった。

沖縄では爆音を聞かない日はなかったが、特別な許可を得て嘉手納基地に入ることができた。成田空港の二倍はあるというが、ゲートを潜ると、まずその広さに目を見張った。二重、三重にフェンスを張りめぐらされた敷地には、格納庫や兵舎は当然として学校や教会、銀行、図書館、それにスーパーマーケットまである。ここだけで一つの立派な街であった。

その中央に二本の滑走路が東西に走っていて、私の見ている前でタッチアンドゴー（離着陸）の訓練がひっきりなしに行なわれていた。そのたびに思わず耳をおさえたが、空港周辺ではどの程度の音量なのかを知るために、その夜、ゴザ市（現・沖縄市の一部）のある家庭を訪ねた。

家族がいろいろ話しかけてくれるのだが、航空機が離着陸するたびに耳をそばだてないとほとんど聞きとれないほどの騒音であった。しかもその間、ずっと整備音が続いていた。時計を見ると、もう九時を回っていた。口では馴れましたとはいうものの、精神的なストレスは想像を絶するものがあるだろうと思わざるをえなかった。

しかしこれだけの騒音に悩まされながらも、基地で働かざるをえない労働者も少なくない。その人たちは本土復帰をどう見ているのであろうか。目と鼻の先に普天間基地のある住民に聞いてみた。基地労働者の多い街だ。「沖縄では基地で働く以外に収入を得る道がないのだ。だから基地がなくなれば生活が苦しくなるのは目に見えている」、「復帰はうれしいが、基地がなくなっては困る。米軍はいなくなってほしいが、自衛隊でもいいから来てほしい」。こうした声が予想以上に多かったが、この人たちの苦しみを取り除くためにも復帰後、政府が多くの資本を投じて、彼らの働き場所を確保することが急務であることを痛感した。

沖縄に滞在中、何回も大きな集会やデモに遭遇した。教職員が先頭に立つことが多かった。その間、授業はなく自習なのだが、驚いたことに保護者からは何一つ苦情が出ない。それどころか反対運動を応援さえしている。本土では考えられないことだが、それだけ住民一丸となって本土復帰・基地撤去を目指していることを強く感じた。

「どんな時に自分は日本人だと思うか」という私の問いに、しばらく考えたあと「オリンピックで日の丸が上がるのを見た時」と答えた中学生の、遠くを見るような眼差しが忘れられない。今なら五十歳半ばだろうが、復帰後に何を感じたのかもう一度あの少年に会いたいと思う。

国際通りからほど近いところに、屋良主席が執務する琉球政府の庁舎があった。その門には「亜米利加合衆国より琉球の住民へ献呈する」と刻まれた銅板がはめこまれていた。もちろん復帰の日の朝に外され、新たに沖縄県庁という表札に変えられた。しかしこの建物自体がアメリカの建てたものなので、復帰の際、軍用一号線などとともにアメリカの手がけたものは日本政府が買い取ることになった。これでは復帰といっても沖縄を買い戻すみたいなものではないかという住民の声も、無理からぬことに思えた。

私はその後、復帰当日の模様を取材するため一年後に再び沖縄を訪れた。翌日に売春防止法が適用されるとあって、懸命に客を呼び込もうとする花街以外は意外に静かな前夜であった。そして時折雷鳴も交じる激しい雨があがった十五日午前〇時、町中にサイレンが鳴り響き、港に停泊している船の汽笛もそれに呼応して、長かった軍政の終わりを告げた。

国際通りの商店街には二〇メートルおきに「沖縄県」と書かれたプラカードが並んだが、人通りはまばらで、待ちに待った喜びの一瞬という感じではなかった。前日に買いだめに走る人が多かったことから見ても、激しい生活の変化に対する先行きの不安の方が大きかったのだろう。

復帰から三年後の一九七五年（昭和五〇）七月十七日、皇太子御夫妻（現上皇御夫妻）が復帰後初の皇族として沖縄を訪問された。沖縄国際海洋博覧会に名誉総裁として出席するためであったが、天皇の名のもとで行なわれた沖縄戦で悲惨な体験をした沖縄では、天皇の戦争責任を追及する声が根強く、本土からも訪沖に反対する過激派の学生らが続々と沖縄入りしたこともあって、三八〇〇人もの警備体制を敷かなければならなかった。

こうした情勢から沖縄行きを見合わせた方がいいのではと進言した人もいたが、皇太子は「石ぐらい投げられてもいい」という強い覚悟で沖縄入りされたのである。しかしこれだけの厚い警備にもかかわらず、南部戦跡に向かう途中の車に建物の上から瓶が投げられたり、ひめゆりの塔では地下壕に潜んでいた過激派の二人の男から火炎ビンを投げつけられる事件が起きた。幸いお二人に怪我はなく、当初の予定通り「魂魄の塔」、「健児の塔」などを巡拝されたあと、旧海軍司令部の壕にも足を運ばれた。

そして夕刻には遺族会館にお出でになり、二〇〇人余りの遺族とお会いになった。館内は蒸し風呂のような暑さであったが、流れ落ちる汗をぬぐおうともせず、約一時間にわたって一人一人の話をお聞きになった。

その日の夜、皇太子は「私たちは沖縄の苦難の歴史を思い、沖縄戦における県民の傷跡を深く省み、平和への願いを未来につなぎ、ともどもに力を合わせていきたいと思います。払われた多くの尊い犠牲は一時の行為や言葉によってあがなえるものではなく、人々が長い年月をかけてこれを記憶し、一人一人深い内省の中にあってこの地に心を寄せつづけていくことを措いて考えられません」という談話を発表された。屋良知事をして「これほど心のこもった慰霊を見たことがない」といわしめるほどの一日であった。

この時の沖縄訪問については、その年の誕生日会見で「沖縄にはほかの地域と違った歴史や文化があるのに、学校教育の中にはほとんど入っていません。沖縄の歴史は心の痛む歴史であり、日本人全体がそれを直視していくことが大切で、避けてはいけないと思います。海洋博が沖縄を学ぶ導火線になればと思っています」と述べられた。沖縄での組織的な戦闘が終わった六月二十三日は、八月十五日の終戦記念日、八月六日、九日の広島・長崎の原爆の日とともに忘れてはならない「四つの日」として、毎年必ずその日は御一家で黙禱を捧げてこられた。

ところで、ひめゆりの塔事件が起きた翌十八日、お二人は海洋博の会場を視察されたあと名護市にある国立ハンセン病療養所「愛楽園」を訪問された。そして入園者の手をとってやさしく声をかけられたが、感激した人々は沖縄の船出歌「だんじよかれよし」の合唱でお見送りした。「だんじよかれよし」とは「まことにめでたい」という祝い歌に使われる言葉だが、皇太子は「だんじよかれよしの歌声の響／見送る笑顔目にど残る」という琉歌に詠んで、愛育園に贈られた。

琉歌とは八・八・八・六音を基調とした沖縄独特の定型詩で、沖縄の人でさえ詠むのはむずかしいといわれるほどだが、それをほとんど独学で学ばれたのである。少しでも沖縄の歴史・文化を知りたいという熱意がうかがわれる。一方、贈られた愛楽園の人たちからの強い要望で、美智子さまが沖縄の曲調を生かして作曲されたのが「歌声の響き」である。天皇の在位三〇年の記念式典で歌手の三浦大知が歌ったあの歌である。

沖縄訪問は天皇に即位されてからも続けられたが、二〇一八年(平成三〇)三月二十七日が皇太子時代から数えて一一回目となった。天皇の御退位が一年後と決まっていたため最後の御訪問となったが、この時もそれまでと同じように空港から真っ直ぐ南部戦跡に向かわれた。沿道には多くの人々が出迎えていたが、その夜、両陛下のお泊まりになるホテルとは川を挟んだ向かい側の公園に、手に手に提灯を持った市民が続々と詰めかけていた。

そして「万歳」の声とともに、多くの人々の口から出たのは「ありがとうございました」という言葉であった。その声を聞きながら、皇室に対して複雑な感情を抱いていた沖縄の人々に陛下の誠実なお人柄と沖縄への深い想いが届いたのだという深い感慨を覚えた。

第10章 北朝鮮拉致事件

北朝鮮に拉致され、のちに脱出した韓国の申監督と女優の崔夫妻（中央の二人）

一九八〇年（昭和五五）一月七日付けの産経新聞の一面トップに「アベック三組ナゾの蒸発」という記事が掲載された。その記事によると、一九七八年（昭和五三）の七月から八月にかけて福井、新潟、鹿児島のいずれも海岸付近で三組の蒸発事件があり、合わせて六人が失踪しているというものであった。

これは同じ頃、富山の海岸で、婚約中の男女が散歩中にいきなり四人の男に襲われ、後手に縛られてサルグツワをかまされたあと頭からすっぽり布袋を被せられたが、犬が激しく吠えたため難を逃れた事件があったため、ほかの三組も同じようにして何者かに国外に連れ去られた可能性が高いという内容であった。

消えた三組については警察などの懸命な捜索にもかかわらず何一つ手がかりは得られなかったが、この記事をきっかけに、六人が消息を断った前の年、一九七七年十一月十五日に突然姿を消した新潟市の中学生、十三歳の横田めぐみさんの失踪事件も関係があるのではないかという見方が出てきた。この事件についてはすでに、彼女が姿を消した一週間後の十一月二十二日、新潟日報が写真入りで大きく報じたが、三組のアベックがいずれも大人であったこともあり、少女であるめぐみさんのことは残念ながら全国的に注目を集めるまでには至らなかった。

ところがそれからなんと二〇年近くも経った一九九七年（平成九）一月二十一日、事態は急展開した。国会議員の秘書から父親の横田滋さんに、娘のめぐみさんが北朝鮮で生きているという情報がもたらされたのである。

夫妻が急いで秘書のもとを訪れてくわしく聞いてみると、その情報は一九九四年暮れに韓国に亡命した安明進という北朝鮮工作員が、工作員を養成する金日成政治軍事大学に在学中、労働党創立行事式場に入ってきた日本人らしい女性を指して、指導教官から「あの娘は学校からの帰宅途中、目撃されたので俺が新潟から連れてきた」といわれたという。

横田夫妻はすぐに韓国に飛び、安明進と面談し、行方不明になる一ヶ月前に撮っためぐみさんの写真を見せると、似ているといわれた。当時大学二年生だった安明進は、彼女と自分が年齢が近いこともあってとくに印象に残っていたという。めぐみさんを拉致した実行犯ではないが、少女は大変賢い子で、朝鮮語を習得したらお母さんの許へ帰してやるといわれて一生懸命勉強したこと、双子の妹がいると語ったことなどを、人から聞いた話だと断りながらも明らかにしてくれた。

めぐみさんに双子の弟がいることは日本ではいっさい報じられておらず、妹という点では違っていたが、めぐみさんが北朝鮮にいることは間違いないと横田夫妻は思い始めていた。しかし夫妻がもっとも驚いたのは、自分が彼女を連れてきたという丁《チヨン》という教官はその後も何度か日本に潜入し、なんと新潟市内に貼られていためぐみさんの公開捜査のポスターを記念に持ち帰っていたという。この話を聞いた時、三組のアベック拉致が簡単にできてしまうほど日本の沿岸警備が甘かったことに、私は愕然とせざるをえなかった。

横田夫妻が韓国から帰国してまもなく、蒸発した三組のカップルを含む八家族で「北朝鮮による拉致被害者家族連絡会」が三月二十五日に結成され、横田滋さんが代表に選ばれた。政府もこの時初めて北朝鮮に拉致された疑いのある日本人の数が六件、九人であることを明らかにした（後に七件・一〇人と修正している）。

めぐみさんがいったいどのようにして姿を消したのか、私も当日のことを知るために神奈川県川崎市に在住していた横田夫妻を訪れ、話を聞くことにした。銀行員の滋さんは物静かで実直そうな方だったが、最初におかしいと感じた早紀江夫人がくわしく話してくれた。

一九七六年（昭和五一）、一家が広島から新潟に移り住んだのは御主人の転勤のためで、めぐみさんが小学校六年生の一学期が終わった時だったという。一家の新しい住まいは、古くからの屋敷町で閑静な住宅街。すぐそばの神社の先には松林が続き、寄居浜という海岸に出る場所にあった。

新潟に引越して一年余り。小学校の時に打ち込んでいたバレエをやめ、四月に寄居中学校に入学しためぐみさんはバドミントン部に入ったが、秋には新潟市の新人戦に出場するほど力をつけていた。結果は五位に終わったが、試合後に強化選手に選ばれた。

彼女は十一月十五日の朝も、ラケットを入れた赤いスポーツバッグと学生鞄を手に元気よく登校していったが、それが母の早紀江さんの見た最後の姿になってしまった。いつもは午後六時頃には帰ってくるのに、七時になっても帰ってこなかった。

遅くなる時には出かける前に必ず一言断わっていくのに、その朝は何もいわなかったことから、急に不安になった早紀江さんは二人の弟に留守番をさせて、歩いて一〇分ほどの学校まで行ってみた。しかし、どこにも姿はなかった。どんよりと雲が垂れ込め、月明かりもない晩だったという。その後、めぐみさんと一緒に午後六時二五分頃に校門を出た二人の部活の友人の話から、一人が二つ目の角を右に、もう一人が次の交差点を左に曲がり、そこからめぐみさんが一人で家に向かったことがわかった。

急いで帰宅した御主人はもちろん、連絡を受けた先生や警官たちが松林の中や寄居浜を探したが、まったく手がりはなかった。警官が連れてきた二頭の警察犬は、二人目の友人と別れたその角で二頭とも脚を止めてしまった。家まであとほんの一、二分のところで、彼女の足跡は忽然と消えてしまったのだ。私も現場に行ってみたが、たしかに人通りの少ない住宅街であった。誘拐されたのかもしれないというので自宅には刑事が泊まり込み、電話機には逆探知の装置や録音機まで取りつけられたが、まったく動きはなかった。

ところが十一月二十二日に「新潟日報」が写真入りで大きく報じたほぼ二ヶ月後、「めぐみさんは俺が預かっている」という低い声の男から電話が入った。逆探知に成功し、男はすぐに逮捕されたが、なんとそれは高校生で、部屋にはめぐみさんのことを報じた新聞が散乱していたという。一時はもしかしてと期待していた御夫妻は再び肩を落としたが、当時警察は一年間にのべ三〇〇〇人の捜査員を動員し、巡視船やヘリコプターまで使って捜査を続けていた。

その後も何ら進展がないまま、年月だけがいたずらに過ぎていた。最大の疑問は北朝鮮が何のために拉致したのか、拉致した人たちをどうしようとしているのかという点であった。その目的が明らかになったのは、一九八七年（昭和六二）十一月に起きた大韓航空機の爆弾テロ事件で逮捕された金賢《キムヒョン》姫《ヒ》の供述であった。

この事件は一九八七年十一月二十九日、中東に出稼ぎに行っていた韓国人労働者を乗せたKAL858便がビルマ沖で消息を断ち、乗客乗員一一五人が犠牲になったものだが、二人の乗客だけが途中のアブダビ空港で降りたことが明らかになった。二人は当然、事情聴取を受けたが、当初は蜂谷真一、真由美という日本人の親子を名乗っていた。

しかし蜂谷真一なる人物が日本に実在していたため、さらに追及したところ、いずれも日本人名の偽造パスポートを使っていたことがわかった。その後の取調べの結果、男は金勝一《キムスンイル》、女は金賢姫で、二人とも北朝鮮労働党の秘密工作員として金正日総書記からソウル五輪を妨害するよう指示され、座席の上の荷物入れに九時間後に爆発するよう時限式の液体爆弾をセットして、アブダビで降りたのだった。一般旅客機を墜落させ、それを日本人のせいにすればソウル五輪は開催できないほどの混乱に陥るだろうというなんとも稚拙な発想だったが、人を人とも思わない点で拉致とも共通している。しかし取り調べの最中、二人は隠し持っていた青酸カリを飲み、男は死亡したが女はかろうじて命をとりとめた。

生き残った女、金賢姫は十二月九日に日本人ではないことを認めたが、大統領選の前日、十二月十五日にアブダビから韓国に移送され、本格的な取り調べが始まった。その中で金賢姫が、拉致されてきた日本人女性から日本語をはじめ日本の生活習慣などを学び、日本人になりすますための日本人化教育を受けていたことを明らかにした。

これで拉致された日本人が実際に北朝鮮にいること、教育要員として日本人が必要だったことがはっきりした。金賢姫は、その教師の名前は李恩恵《リウネ》だといった。もちろん日本人の名前ではないが、じつは金賢姫も金玉花《キムオクファ》と名乗るよう命じられていた。相手の身分を決して尋ねてはいけないと指導員から厳しくいわれていたため、自分の本名を隠し通さなければならなかったのだ。そのため金賢姫も、のちに日本の警察官から執拗に李恩恵の本名を尋ねられても、答えようがなかったのである。

日本人化教育について金賢姫は、自著『忘れられない女《ひと》』の中でこう述べている。「私の考えでは、一九七〇年代後半に対南工作（対韓国工作）に外国人を利用せよという金正日の指示に従って、外国人拉致が本格的に推進されたと思う（実際三組のアベックが拉致されたのも一九七八年である）。その際、家庭環境が複雑で行方不明になっても国際的な拉致事件と考えにくいような外国人、ある日突然蒸発しても自国でたいして問題にされそうもないような外国人、そういう人を選んで拉致したと考えられる（実際は手当たり次第だったように思えるが）。

拉致した人に対し、徹底して思想教育を行ない、自国あるいは外国で工作活動をさせようとしたらしい。ところが試験的に外国に送り込んでみると、その人たちはみな裏切って逃亡するなど、北朝鮮当局を失望させた。結局、「外国人は信用できない。それなら国内で工作員を養成した方がましだという結論に達したのだろう」と。

実際、金賢姫は政治軍事大学で工作員教育と訓練を終えた一九八一年（昭和五六）七月から、東北里《トンブニ》の招待所で日本人女性と一緒に生活し、一年八ヶ月間にわたり徹底的に日本人化教育を受けることになったのであった。その教師が、李恩恵先生と彼女が姉のように慕うことになる日本人の拉致被害者であった。

その日本人は一九九一年（平成三）五月十四日、日本の警察が金賢姫に示した数枚の写真から、東京のキャバレーの一流ホステスであった田口八重子であることが判明した。彼女が姿を消した当時、大がかりな捜索は行なわれておらず、金賢姫の指摘した条件に合致していたのかもしれない。しかし金賢姫の教育が終わると、もう用はないといわんばかりにほかの招待所に移され、以後の消息はまったくわからないという。

金賢姫はこのあと一九八四年（昭和五九）から偽造パスポートで蜂谷真由美になりすましていたというが、最初は堅く口を閉ざして取り調べにも応じなかった。しかし韓国に移送されてから二〇日後の一月十五日に自ら記者会見し、すべてを明らかにした。「李恩恵から聞かされていた資本主義の話はすべてが誇張だと思っていたが、韓国に来て市民の生活ぶりを目の当たりにして彼女の話してくれたことがすべて本当であり、自分は騙されていたことに気づいて、すべてをしゃべろうと思った」のだという。

金賢姫はまた、招待所に住み込みで食事の用意をしてくれるおばさんたちから聞いて、誘拐であれ拉致であれ、北朝鮮に連れてこられた外国人が、日本人をはじめとして相当数いることは知っていたことも明らかにした。李恩恵以外の日本人には直接会っていないので確実ではないとしながらも、日本人女性で外国人男性と結婚させられた話や海辺でデート中に拉致され、北朝鮮で結婚式を挙げた話、高校に通っていた少女がいたという話をおばさんたちから聞かされていた。

この中で少女とは横田めぐみさんのようにもとれるが、金賢姫が直接会っていない以上確証はない。しかしデート中に海辺で拉致された二人は、二〇〇二年に帰国した拉致被害者の蓮池薫・祐木子夫妻に違いないと思えたので、私は新潟県の柏崎に蓮池薫さんを訪ねた。

そこで聞いた話によると、一九七八年七月三十一日に当時つき合っていた奥土祐木子さんと柏崎の海岸に腰をおろして話をしていたところ、タバコの火を貸してくれと近づいてきた男に気をとられている間に、近くの松林に潜んでいた数人の男になぐられ、二人とも口をふさがれて助けを呼ぶこともできなかったという。その後、暗くなるのを待ってボートに乗せられ、沖合に待機していたより大きな快速艇に移され、北朝鮮に拉致された。船に連れ込まれた時から、二人が顔を合わせることはなかった。

北朝鮮に着くと、清洲近くの招待所（アジト）に収容された。山の中にある平屋建てで、周囲を高い塀で囲まれ、外に出られないようになっていた。建物は勉強部屋、寝室、食堂、浴室、まかないのおばさんの部屋、指導員の部屋があり、つねに監視されていた。このような招待所が各所にあるらしく、あちこち転々とさせられながら北朝鮮の歴史などを強制的に学ばされる一方、日本語を教える毎日であったが、そうした生活に二度大きな動きがあったという。

ある時、五人のレバノン人に充分な教育を施したうえ、外国での工作活動をさせようと試験的にユーゴスラビアのベオグラードに行かせたところ、そのうちの二人が脱出してしまうという出来事があった（金賢姫が、外国人に裏切られ当局がショックを受けたと述べた事件）。ところが逃げたうちの一人が北朝鮮で米国人と結婚させられ子供もいたため、自主的に北朝鮮に戻ってきたことがあってから、当局は結婚させれば逃げる気もなくなるだろうし二人なら行動も目立つからと、逃亡防止のための結婚作戦に転じたのだ。

蓮池さんにも突然、結婚しないかといい出したという。それまで祐木子さんについて尋ねても「女はいらないので日本へ送り返した」と繰り返していたが、「祐木子さんとなら結婚する」と答えると、なんと送り返したはずの祐木子さんを連れてきたのだ。祐木子さんにも「男は送り返した」と同じようなことをいっていたという。二人は、北朝鮮で別れ別れにされてから一〇年後の一九八八年（昭和六三）の八月に結婚した。ささやかな結婚式が招待所で行なわれたが、式の前にスーツやチマチョゴリを作ってくれたという。

二度目の大きな変化は、大韓航空機事故のあとに金賢姫が記者会見ですべてを明らかにした直後であった。北朝鮮は南のでっち上げだと激しく非難したものの、内部では大きな動揺があったらしく、日本語教育がとり止めになったほか、同じ招待所でやはり拉致被害者だった地村さん一家と、一九八八年からは前の年に韓国人と結婚させられた横田めぐみさん夫妻が一緒に住むようになった。

めぐみさんにはやがて女の子が産まれたが、十三歳で拉致されたため、育児は大変だっただろうと母早紀江さんは思いやっている。蓮池薫さんによると、めぐみさんは大変頭が良く、しきりに日本に帰りたがっていたという。蓮池さんはもちろん監視のため指導員が同行してはいるものの、めぐみさん一家と海水浴に出かけた折の貴重な写真を持ち帰り、横田夫妻に見せている。

めぐみさんについては蓮池夫妻、地村夫妻とともに帰国した曽我ひとみさんからも、めぐみさんの十五歳の誕生日を一緒に過ごした時のことを細かに書いた手紙が早紀江夫人のもとに届けられた。そこには、招待所の指導員の車で一緒にドライブしたこと、昼は誕生パーティが開かれ、肉や魚、野菜などが並び、ケーキまで焼いてくれたことが記されていた。その後も数回、同じ招待所で一緒に暮らしたことがあり、絵の上手なめぐみさんが花瓶に生けた花を描いてプレゼントしてくれたり、最後に別れる時には「私と思って大事にして」と拉致された日に持っていたという赤いスポーツバッグをくれたことが記されていた。

こうした証言によって、横田めぐみさんが北朝鮮に拉致された事実ははっきりしたが、大人を拉致したのが日本人化教育をさせるためだったとしても、わずか十三歳の彼女の場合ははっきりした目的があったわけではなく、顔を見られたというだけで強引に連れてきたというのが真相のようだ。

しかし二〇〇二年（平成一四）九月、小泉純一郎首相の訪朝に大きな期待を寄せていた横田夫妻に告げられたのは、めぐみさんはすでに亡くなっているという衝撃的な言葉であった。蓮池薫さんはその後の北朝鮮の説明が二転三転しているので信用できない、めぐみさんはどこかで生きていると信じている。北朝鮮は最初、めぐみさんが精神的に病んだあと自殺したが、墓は洪水でもうないといっておきながら、三年後にめぐみさんの主人が墓を掘り起こし、火葬して自宅に安置してあると前言をひるがえした。しかも日本政府の強い要請で提出されたその遺骨は鑑定の結果、本人のものでないことが判明した。

小泉首相が訪朝した際、金正日総書記は拉致を認めたものの、特殊機関の一部が妄動主義・英雄主義に走った結果だとして、すでに責任ある人々は処罰したと釈明している。下の人間が勝手にやったことで自分はあずかり知らぬとしらを切ったのだが、北朝鮮のような独裁国家でそんなことができるわけがない。

すでに私は、北朝鮮に拉致されたものの脱出に成功し、アメリカに亡命していた韓国の申相玉《シンサンオク》映画監督と女優の崔銀姫《チエウニ》夫妻に、その一二年前にワシントンで直接インタビューし、拉致が金総書記の指示であることを知っていた。一九七八年一月十一日、先に上海で言葉巧みに白いモーターボートに乗せられ、拉致されたのは崔銀姫だったが、一〇日後に北朝鮮の南浦港で「ようこそ、よくいらっしゃいました」と満面の笑みで出迎えたのは、なんと金総書記その人だった。

このことからも拉致を指示したのが誰であるかは明らかだが、七月十九日、今度は同じ香港で申監督が襲われた。車で移動中、突然数人の暴漢が飛び込んできて頭から足の先までナイロンの袋のようなものを被せ、すばやく縛り上げたのだ。そのまま同じように船に乗せられ、北朝鮮に拉致されたのだが、その時は金総書記の出迎えはなく、崔銀姫とは別の招待所に入れられたため、二人が顔を合わせることはなかった。

申監督はその後、二度にわたって脱走を試みたが失敗し、監獄での生活を送った。金総書記にあてた反省文を書かされたあと、一九八三年（昭和五八）二月二十三日に釈放され、三月六日、宴会の席に呼ばれてそこで崔銀姫とじつに一〇年ぶりの再会を果たした。もちろんそこには金総書記がいたが、申監督が会うのは初めてであった。彼は申監督の手を高く上げて「みなさん、これから申先生は私の映画顧問です」と紹介した。じつは金総書記は大変な映画好きで、二人を拉致したのも、韓国で映画製作に行き詰まっていた申監督に北朝鮮で映画を製作させるためだったのである。

しかし、申監督の数多くの作品で主演を務めた女優まで拉致したのはなぜなのか。その狙いはある日、崔銀姫が決死の覚悟でハンドバッグにしのばせていた録音テープに残っていた。その中で金総書記は次のように述べている。「最初から申監督を連れてくるのは無理だが、申監督をおびき寄せるには何が必要か考えた。申監督が崔さんとは離婚したものの、漠然と別れただけで本意ではなさそうだから、崔さんがまず来れば申監督も彼女を追ってくるだろう。そう考えてまず崔さんをこうして連れてきたのです」（のちに二人は北朝鮮で復縁している）。

この言葉から、金総書記がわざわざ崔銀姫を迎えに出た理由も拉致が彼の指示であったことも明らかだが、二人のことを事前に徹底的に調べ上げていたことは驚きだ。二人は北朝鮮のためというよりは金総書記を喜ばせるための作品を作ることに全力を挙げたが、それはあくまでも見せかけで、つねに脱出の機会をうかがっていた。二人はその後、次第にオーストリアやスウェーデン、スイスなど中立的な国々に撮影のため出国するようになったが、必ず帰国して安心させたうえ、一九八六年（昭和六一）三月十三日、ブダペストで尾行する監視員を巻いてアメリカ大使館に駆け込み、ついに脱出に成功したのだった。

しかし我が国では、歴代の首相が口では拉致問題は最優先の課題だといいながら何ら進展が見られないのが現状だ。帰国した五人の家族はもうすっかり日本の生活に戻っているものの、まだ消息のわからない家族も高齢になり、その苦しみは増すばかりだ。一時はあれほど盛り上がった拉致被害を救おうという運動も、かつてのような勢いを失いかけている。しかし拉致被害者が帰国した二〇〇二年十月の誕生日に際して述べられた上皇后（当時皇后）の次のお言葉を、我々はもう一度かみしめる必要があるだろう。「なぜ私たち皆が、自分たち共同社会の出来事として、この人々の不在をもっと強く意識し続けることができなかったかという思いを消すことはできません」。

第11章

皇室——昭和から令和

上皇御夫妻（葉山御用邸裏の小磯の鼻で）

今も残る破壊されたままの戦車（ペリリュー島）

「あら、この辺にお住まい？」

これが御静養先の葉山御用邸裏の海岸で初めて皇后さま（現上皇后）からお声をかけて頂いた時のお言葉であった。もちろん、それまで一度も直接お目にかかったことはないし、私のことなどご存じのはずがないと思っていたのだが、どうやらその頃すでに日本テレビで毎週放映している「皇室日記」のキャスターを務めていたため、テレビを通じて私の顔を覚えて下さっていたらしい。

あるいは御静養でお出でになる時には時間の許す限り、私が正門前の葉山薬局のおばあさん岩田ハナさんと並んでお出迎えしていたこともあってのことかもしれない。速度を落とした車の窓を開けて陛下は右側の、皇后さまは左側の沿道の人々に手を振って御用邸に入られるのだが、正門に入る直前に陛下も必ずこちらを向いて手を振って下さるのであった。

葉山の御用邸は病弱であった大正天皇がしばしば滞在され、崩御されたのもこの別邸であった。目の前に相模湾が広がり、天気が良ければ正面に江の島や富士山を望む景勝地である。御用邸の裏木戸を出ると一面の砂浜が広がっている。一部だけ岩が露出し、土手のように一段高く盛り上がって草に覆われている。

岬のように突き出ていることから小磯の鼻と呼ばれているが、両陛下は静養に来られると天候が悪くない限り、初日にお二人おそろいでお出ましになる。岬の先端付近まで歩まれてしばし会話されたあと同じ道を戻り、土手下に並んで待っている人たちに声をかけられるのだ。

時として人数は違うもののだいたい二〇人前後でほとんどが女性。中には毎回茨城の方から来るという人もいる。どうやってお出ましの時間を知るのかわからないが、顔なじみの人が多いところを見ると常連なのだろう。もちろん地元の人がほとんど。子犬を連れてくる人が少なくない。どうもこれまで犬を連れた人に声をかけられることが多かったかららしい。

初めてお声がけ頂いたのはその時だったが、あまりにも突然だったため、「隣の鎌倉に住んでおります」とお答えするのが精一杯であった。そのあとすぐにほかの人々と一言、二言、言葉を交わされて、そのまま御用邸にお帰りになった。

葉山海岸は私が一九八五年（昭和六〇）春、日本テレビに入社した時の新人研修が御用邸のすぐそばの長者園（現在はない）という古い旅館を借り切って行なわれたため、懐しい想い出の地であった。そういうこともあって、両陛下が御用邸に滞在中は時間の許す限り、葉山海岸を歩くことにしていた。それにはもう一つの理由があった。

御用邸に御滞在中、報道陣に取材を許されるのは「小磯の鼻」にお出ましになる初日だけだが、宮内記者会に所属していない私は、両陛下をはじめ各皇族方の記者会見には出席できないし、直接お会いする機会もない。したがって、できるだけ自分で時間を作って皇族方のご様子を拝見せざるをえないのだ。自宅が近いこともあって、どうしても葉山での機会は多くなる。

そのおかげで、御散策中の人々へのお声がけの様子や、時には御結婚前の紀宮さまや秋篠宮御一家が一緒に散策される姿を拝見したこともある。小さい頃の眞子さまや佳子さまがつねに紀宮さまのそばを離れず、二人が姉のように慕っていることも知りえたし、かつては少し離れて砂浜を散策されることもあった両陛下がいつしか陛下の腕を支えるようにして歩かれるお姿から、次第に歳をとられていくことを実感させられることもあった。遠くからでもそうした生のお姿を拝見しておくことも、私は重要なことと考えていた。それが主目的だっただけに、直接お声がけ下さるとは想像もしていなかったのである。

二〇〇二年（平成一四）、陛下は前立腺癌の手術を受けられ、医師の勧めで毎朝食事前に三〇分ほどお住まいである御所の周辺などの散歩を日課とされてきた。しかし御用邸に滞在中は必ずしも朝食前とは限らない。午前中のこともあれば午後のこともある。初めてお声がけを頂いたほぼ二年後、その日も午前一〇時頃、私は葉山海岸を散歩していた。

見ると三〇〇メートルほど前方の波打ち際を、御用邸に向かって歩くお二人の姿があった。どうやら散歩のお帰りらしい。せっかくの機会なので、裏木戸からお入りになるまでを見届けようと御用邸から一〇〇メートルほど離れて、侍従と立ち話をしていた。お二人は海岸に面した石段に腰かけている人たちの方に近づいて、声をかけられている。まだだいぶかかりそうだと思った私は、侍従との話に夢中になっていた。ところが急に、侍従がそわそわし始めた。

ふと見ると、お二人が急に向きを変えてこちらに歩いてこられるではないか。気がつくと、今までそばにいた侍従がいつの間にか姿を消している。といって逃げるわけにはいかない。「お声がけがあれば答えていいが、こちらからは絶対に話しかけないように」と以前から宮内庁関係者に注意されていた。それだけに、ただ直立してお待ちする以外になかったが、近づいてこられた皇后さまからいきなり「たしか鎌倉にお住まいでしたわね」といわれたのだ。
二年前の一言をちゃんと覚えて下さっていたのだ。年間にたいへんな数の人々とお会いになってい
るはずの皇后さまの記憶力のすばらしさには、一日前に会った人の顔さえ覚えられない私には、驚き
を通り越して信じがたい気持ちしかなかった。
そのあと陛下からも二、三お尋ねがあり、短い時間とはいえ、初めて直接お話をさせていただく光
栄に浴した。しかし、その内容をどうしても思い出せないのだ。よく両陛下にお会いすると頭が真っ
白になるとは聞いていたが、まさか私自身がそんな状態になろうとは夢にも思わなかった。
しかし驚いたのはさらに一年後の初夏のことであった。その日はかなり日差しが強かった。海岸を
歩いていると、御用邸の脇を流れる小さな川で長靴をはいて魚を追う天皇と悠仁さまの姿があった。
皇后さまは川岸に立って、その様子を見守っておられた。ふと約七、八〇メートル離れて立っていた
私に気づかれ、「お元気？」と声をかけて下さった。それは驚くほどよく通る大きな声であった。
普段、テレビ画面を通してささやくようなやさしい声しか聞いていなかった私には信じられない瞬
間だった。さらに驚いたのは、私の方に背中を向けて魚を追っていた陛下がその声に気づいてふりむ
き、なんと被っていた麦わら帽子をとって一礼された。あわてて私も一礼したものの、何と表現して
いいかわからない熱いものが胸にこみ上げてきた。
各地でやさしく励ましの声をかけられた人々が涙ぐむ気持ちが痛いほどわかった。後年、高齢にな
った岩田ハナさんが、たまたまデイサービスに行っていてお出迎えできなかったことがあった。おば
あちゃんの姿が見えなかったことを心配されたお二人は数日後、散歩の途中にわざわざ店に立ち寄ら

れたことを知った。つねに国民に寄り添おうとする誠実なお人柄に深い感銘を受けたことを思い出す。

私が川岸で感銘を受けたその日には、別の驚きもあった。川から上がってきた悠仁さまのバケツには小魚やカニが入っていた。私は「何が獲れましたか」と尋ねたが、小さいお子さんのことだから当然「お魚」とか「カニ」という答えが返ってくるものと思っていた。ところが悠仁さまからは聞いたことのない名前ばかりが返ってきた。どうやら学名らしい。「どうしてこんなにくわしいのですか」とかたわらで一緒にバケツをのぞき込んでいた秋篠宮さまにうかがうと、「図鑑ですよ」というお返事であった。相撲好きの愛子さまが力士の本名までご存じとは聞いていたが、記憶力のすばらしさは両陛下の血筋ゆえなのだろうか。


私が本格的に皇室の取材と関わりを持ったのは、一九八八年（昭和六三）九月に昭和天皇が大量に吐血された時からだが、それ以前に一度だけ皇室行事の中継アナを担当したことがあった。それは一九六九年（昭和四四）一月二日の新年一般参賀だ。この日は一九四五年（昭和二〇）五月に空襲で焼け落ちた明治宮殿の跡地に、新しく完成した新宮殿の一般国民へのお披露目でもあった。

当日は雲一つないすばらしい天気で、次々と二重橋を渡る参賀の人々の表情も明るく晴ればれとしていた。新宮殿は威厳よりも親愛、荘重よりも平明を主調とする国民に親しまれるものをという政府の決定に基づいて、東京芸大の吉村順三教授の設計によって完成した。東庭と呼ばれる広場に入った参賀者は、初めて見る新宮殿の美しさに感嘆の声を挙げた。

午前一〇時、中央の欄干に菊の御紋章のついたベランダに天皇陛下、長い裾のドレスに毛皮のコートを召された皇后陛下、皇太子ご夫妻、常陸宮ご夫妻が姿を見せられると、いっせいに日の丸の小旗が振られ、万歳の声が沸き起こった。私はその時、ベランダのすぐ下に立ってその模様を実況中継していたが、お出ましからしばらくの間はその場の雰囲気をそのまま伝えた方がよいと考え、コメントはいっさい控えて黙っていた。

とその時、私の頭の上の欄干付近で「バシッ」、「バシッ」という鋭い音がした。ちょうど天皇の立っておられるあたりだが、ベランダのブロンズの柵に当たったその音から、一瞬、ピストルの弾が当たったのかと思った。実際はピストルではなく、四発のパチンコ玉だったことがあとでわかったが、この時、私は反射的に天皇の方を見上げた。

後年、私はこの長和殿《ちょうわでん》のベランダに立たせてもらったことがある。広場の隅々までじつによく見えた。当然、天皇の目にはわずか数メートル先で捕りおさえられる男の姿まではっきり見えたはずだが、その時の天皇は何ごともなかったかのように手を振り続けておられた。まったく動ずる様子は見られず、これが帝王の姿なのだと感服したことを今でもはっきり覚えている。

逮捕された男は神戸市の奥崎謙三（当時四八歳）とわかったが、一九五六年（昭和三一）に家屋をめぐる紛争から不動産業者を殺害し、懲役一〇年の刑を受けて二年ほど前に出所したばかりであった。奥崎は「パチンコ玉ぐらいなら怪我ですむと思った。佐藤首相より天皇を狙った方が騒ぎが大きくなると思った」と供述している。

しかし、この日はそれだけではすまなかった。四回目のお出まし直後の午後〇時一七分頃、今度は参賀の人々で埋めつくされた東庭の中央付近で、突然二本の発煙筒がたかれ、現場付近にはアナキストのものと思われるビラが散乱していた。

この相次ぐ事件を重く見た宮内庁は、次の四月二十九日の天皇誕生日の一般参賀からお立台付近のベランダに長さ一二メートルの強化ガラスを張った。残念なことに以後、皇室と国民の間にはガラスの壁ができてしまったが、参賀に訪れる人々の持ち物検査も次第に厳しくなっていった。


しかしそれからおよそ二〇年、私は皇室と関わりを持つことはなかったが、その日は突然やってきた。私はその頃、毎晩必ず日本テレビの夜のニュース番組を見て、何ごともなかったことを確認してから寝ることにしていた。一九八八年（昭和六三）九月十九日も寝支度をしながらテレビを見ていた。そろそろ番組が終わろうとする午後一一時二四分、突然、桜井良子キャスターが「今入ったニュースですが、今夜一一時過ぎ、高木顕《あきら》侍医長が急遽皇居に向かいました」と原稿を読み上げた。急いでチャンネルを回したが、どこもやっていない。

このニュースこそ、昭和の終焉の始まりを告げる日本テレビの大スクープであった。高木侍医長といえば、天皇の健康を管理する医師団のトップだ。何か天皇の身に大変なことが起きたに違いない。事前に何かあった場合の初動特番のメインキャスターをいい渡されていた私は、寝るどころではない。

会社からは何の連絡もなかったが、二、三日分の着替えだけ持って大急ぎでタクシーを呼んだ。もう終電が出たあとで、どんなに急いでも自宅から一時間以上かかる。車中にあっても気が気ではなく、社に到着して、天皇が吐血したものの現在は落ち着いていると聞いてほっとした。しかしまさかその日から一一一日間も泊まり込むことになろうとは思ってもみなかった。

じつは天皇の身体の変調は、一年以上前から起きていた。天皇が吐血された前年、一九八七年（昭和六二）四月二十九日の天皇誕生日に、長和殿のベランダに立って参賀の人々に三回お応えになった天皇は、そのあと九七ヶ国、一六二人が出席して開かれた豊明殿《ほうめいでん》の宴席で突然食事をもどされた。すぐそばにいた美智子妃と常陸宮華子妃に両脇をかかえられて退席したが、公の場で退席されたことはそれまで一度もなかった。しかし御所に戻られてからは落ち着かれたため、この時は一過性として大きな騒ぎにはならなかった。その夏、那須で御静養中の八月二十三日と八月二十九日にも、同じように食物をもどされた。

こうも続くと、医師団も真剣に考えざるをえなくなっていた。というのも、十月二十五日から沖縄で開かれる国体に出席されることになっていたからである。沖縄は太平洋戦争の末期、激しい地上戦が行なわれ、多くの住民を巻き込んだ地なので、どうしても自ら行きたいと熱望されていた。

しかしそのためには、このところ相次ぐ身体の変調の原因を徹底的に調べることが必要であった。それは、那須から東京に戻られて以降の午後一〇時から午前二時頃まで毎晩、激しい嘔吐に苦しまれていたからで、腹部のレントゲン検査の結果、小腸の空腸部分と十二指腸の接合部分が狭くなり、食物が通りにくくなっていることがわかった。

体重も減り、衰弱もひどくなるばかりであった。このレントゲン検査の結果を受けて、九月二十二日に開腹手術が行なわれることになり、当然沖縄訪問は中止になった。

天皇は翌年の新年にあたり、「思わざる病となりぬ沖縄をたずねて果さむ務めありしを」と無念の気持ちを歌に詠まれている。以後も天皇の願いがかなうことはなかった。手術は午前一一時五五分、森岡恭彦東大教授の執刀で始まり、歴代初めて天皇の身体にメスが入った。手術は午後二時半に終了し、森岡教授は記者会見で膵臓の頭部の下の方が腫大し、十二指腸の接合部分を狭くしているというレントゲンの検査結果と符号していることを明らかにした。しかし腫大した部分は切除せず食物の通りをよくするためにバイパスを作ったこと、一応慢性膵炎がもっとも考えられる所見だとしたうえで、組織の一部を病理検査するためにとったことも明らかにした。

後日、病理組織の検査の結果、癌であることが判明した。医師団は最後まで慢性膵炎で押し通し、天皇ご自身にも告知されることはなかった。しかし我々は、各方面への取材から癌であることを知った。そのことを胸に秘めたまま、いつ起きるかもしれない終焉に向けてさまざまな準備を進めていた。

一方、天皇は驚くほどの回復力を見せ、十月七日に退院された。この日を退院日としたのは「ダンゴが食べたい」という天皇の一言だったといわれる。この日はちょうど中秋の名月、天皇は毎年、ダンゴやキヌカツギ、枝豆、栗などの月見料理を楽しみにされていたのだ。その後も強靭な精神力で一日も早い公務復帰を強く望まれ、十二月十五日の閣議で皇太子に委任されていた天皇の国事行事の代行の一部が解除された。

そして年が明けた一九八八年（昭和六三）元日の新年祝賀の儀、二日の一般参賀、三日の奏事始《そうじはじめ》という三つの大きな行事にすべて出席し、公務の完全復帰を果たされたのであった。また四月二十九日の天皇誕生日の一般参賀も予定通り行なわれ、長和殿のベランダに三回立って、約二万五〇〇〇人の祝賀をお受けになった。私はもしかするとこれが最後になるかもしれないと参賀の人々と一緒に二重橋を渡った。

「誕生日に際し祝ってくれてありがとう。大勢の人が来てくれて、うれしく思います。どうかこれからも皆が幸せに暮らすよう希望します」。マイクを通して流れる天皇の声は想像以上に張りがあった。久々にじかに拝見する天皇はモーニングがだぶついて見えるほど痩せ、まさに気力だけで務めを果たそうとする姿に胸がしめつけられる想いであった。

その後も体重は減り続けていたが、七月二十日からは予定通り那須御用邸で長期の御静養に入られた。もちろん各社も、周辺のホテルや旅館に泊まり込んで取材体制を整えていた。その三日後、とんでもない大事故が東京湾で起きた。

二十三日の午後三時半過ぎ、横須賀港の沖合三キロの海上で、浮上して航行中の海上自衛隊の潜水艦「なだしお」と釣り客を乗せた大型釣り船「第一富士丸」が衝突した。潜水艦は二二〇〇トン、一方の第一富士丸は大型とはいえ、木造の一五四トン。鉄のかたまりのような潜水艦と衝突したのだから、ひとたまりもない。第一富士丸は船首部分を潜水艦に乗り上げると、左舷側が下になって転覆し、あっという間に海中に沈んでしまった。

この船には、近藤万治船長ら乗員九人と釣りを楽しんで帰港途中の伊藤忠商事の関連会社の乗客三九人が乗っていた。うち一九人は救助（うち一人はその後に死亡）されたものの、サロンなどでくつろいでいた残り二九人は船もろとも沈んでしまった。当時天気は曇り。霧もなく視界一三キロと良好で、波高も七、八〇センチと穏やかであった。

それなのになぜ大事故が起きたのか。その後、次第に原因が明らかになっていったが、海上交通法によって回避義務のある潜水艦の操舵ミスであった。水深約五〇メートルに沈んだ第一富士丸は、クレーン船を使って宙づりにした状態で海中を浅瀬まで曳行し、そこで海上に引き上げられることになり、二十六日から作業が始まった。まずは潜水夫が潜ってロープを船体にかけなければならない。しかしこの頃から海は大荒れとなり、波高が二メートルにも達し作業は難航した。

この時、私はチャーターした小型漁船から引き揚げの模様を実況中継していた。波風はいっこうにおさまる気配がなかった。漁船は木の葉のように上下左右に激しく揺れ、手すりにつかまりながらリポートするのがやっとだった。しかも、上空から引き揚げの模様を伝えるため飛んでいる各社のヘリコプターの音にかき消されていた。

作業が始まったのが午後七時半。日をまたいだ午前三時八分、私の見つめる波間にわずかに白い棒のようなものが見えかくれし始めた。上空からの方が良く見えるようで、ヘリコプターに乗っていた根岸記者が、船の全体が見えるようになったと伝えてきた。それによって、私が最初に見た波間の白い棒は船のマストの先端だということがわかった。根岸記者はさらに、第一富士丸の船尾の部分が大きくへこんでいるという。私は救助された近藤船長が潜水艦に船首部分が乗りあげたあと、船尾部分から海中に引きずり込まれていったという言葉をふと思い出していた。その通りだとすれば、そのまま海底にぶつかり、その衝撃で船尾がつぶれたはずだと判断し、そのような憶測を交えてリポートした。

やがて私の目にもはっきり確認できる位置まで船体が引き揚げられた。確かに船尾は「く」の字に曲がり、船首の右舷部分の喫水線の下に衝突の際できたと思われる大きな傷跡が残っている。その後の実況検分でも第一富士丸はほぼ正面から衝突し、右側の喫水線の下を潜水艦にこすりつけるようにして船体の半分ほどを乗り上げたあと、そのまま船尾から沈没したことがわかった。

ヘリコプターの根岸記者からは、三角波が立ち中継用の漁船が激しく揺れているのが見えると伝えてきた。実際この時、船上ではカメラマンも技術スタッフもひどい船酔いと闘いながら中継を続けていた。もともと私も決して船に強いわけではないが、マイクを握ると不思議と職業意識が働くのか中継を終えて帰港するまで私だけは酔うことはなかった。

このように報道局は大事故の報道に大童《おおわらわ》であったが、この間、皇室班がもっとも気にかけていたのは八月十五日の戦没者追悼式に天皇が出席できるかどうかであった。天皇は強く出席を希望されていたが、宮内庁はぎりぎりまで体調を見守っていた。

結局、雨のため一日遅れたものの、八月十三日ヘリコプターで那須から東京に戻った天皇は予定通り午前一一時五〇分からの式典に出席された。あらかじめ、上る壇のスロープをゆるやかにするなどの策が講じられていたものの、天皇が席に着かれた時はすでに三〇秒ほど予定より遅れていた。

残念ながらその遅れはとり戻せず、天皇が全国戦没者之霊と書かれた標柱の前に立たれる前に正午の時報が鳴ってしまった。そのため、時報とともに行なうはずの黙禱もわずかに遅れてしまったが、天皇の痩せ衰えた姿は、誰の目にも明らかであった。結局、これが天皇の最後の式典になる。

そのあとすぐに那須の御用邸に戻られたものの、やはり式典への出席で疲れが出たのか、八月二十九日以降、しばしば熱が出るようになった。その後、九月八日に那須から皇后とともに東京に戻られたものの熱は下らず、十八日に予定されていた大相撲の観戦は中止となった。

そしてその翌日の十九日の夜、大量吐血という今までにない事態が起きてしまったのである。この日の夕食で和食を担当した大膳課の谷部金次郎は、自分が作ったものが原因ではないかとすごく落ち込んでいた。あまりのショックでどんなものをお出ししたかどうしても思い出せないというが、高木侍医長からは「決して食物が原因ではないから気にしないように」といわれたという。侍医長には、吐血の原因が何なのか充分わかっていたからだろうし、いつかはこういうことが起きると覚悟していたのだろう。

天皇にはただちに輸血が施され、その日以降、食事を口にされることはなかった。しばらく日が経ってから落ち着かれた頃、二度ばかりくず湯を所望されたので差し上げただけであった。

五〇〇から六〇〇ccという大量吐血であったが、日をまたいだ九月二十日の午前三時になってようやく宮内庁は記者会見を開き、宮尾盤次長が容体を発表した。「天皇陛下は昨夜十時前、吐血あそばされ、輸血などの緊急治療を行なった。現在脈拍は九〇台、体温は三七度前半であり、落ち着いた状態である。なおこの数値は午前二時現在のものだが、吐血の原因はわからない」。

この発表によって、高木侍医長が深夜の自宅から皇居に急行した理由は天皇の大量吐血であったことがはっきりした。さらに二十一日の午後三時半に高木侍医長自らが記者会見し、「出血の部位は上部消化器のどこかだが、胃か十二指腸か小腸上部かはわからない」としながらも、ヤマを越したと見ていいかという記者の質問には「そういう抽象的な表現は好きではないが、ヤマが緊張したことを意味するならばヤマを下ったという方がいい」と含みを持たせた。

また「現在、吐くほどの血は出ていないことは確かだが、完全に止まっているかというと自信がない」と述べ、当面は出血部分を修復するのではなく、その部分を正常に戻すために絶対安静で、栄養補給によって身体全体のコンディションを良くすることに全力を挙げる方針を明らかにした。のちに高木侍医長は、天皇の容体を休火山と表現したが、確かにいつまた大量出血するかまったく予想がつかなかった。

このため報道局も総力を挙げて昭和の終わりに向けての準備を進め、全員がポケットベルを持たされた。これは液晶のディスプレイ式のもので、電話機から特定の番号を打ち込むと、すべてのポケットベルが一斉に鳴る仕組みになっていた。そしてディスプレイに「９９９」の数字が表示された時は、緊急事態発生を意味することも決められた。現在の携帯電話と違って通話はできないので「９９９」が表示された場合にはすぐに有線電話で本社に連絡するか、駆けつけるかしかなかった。当時としてはこれが唯一の連絡手段であった。

もちろん、私も渡された。そのうえ特番に入った際のメインキャスターだからという理由でつねに社から一〇〇メートル以内にいること、ポケットベルが通じない恐れがあるので地下には行かないことという条件がつけられた。このため当初二、三日分しか持ってこなかった着替えを取りに家に帰ることができず、それから三ヶ月余り、会社が用意してくれた近くのホテルに泊まり込むことになった。着替えも、一週間ごとに自宅から送ってもらわねばならなくなった。

自ら取材に回れないという厳しい禁足令ではあったが、昼夜を分かたず取材にかけ回る記者や、輪番制とはいいながら二四時間、皇居のすべての門に張りついて出入りの人をチェックする記者たちの情報を、ありがたいことに社にいながらすべて知ることができた。私自身、最後まで皇居に出向くことはかなわなかった。それらの情報をすべて頭に入れて本番に臨めたのは、そうした多くの人々のおかげであった。

天皇は五日後の九月二十三日に初めて若干の下血があり、黄疸も出始めた。取材陣も一時緊張したが、どうやら乗り越えた。この頃はまだ天皇も病床にありながら見舞いに訪れる皇族方と話をしたり、その年の稲の作柄を心配するほどであった。その後も、天皇の容体は悪くなったり、持ち直したりの繰り返しであった。宮内庁が毎日血圧や体温、輸血量を発表するたびに流れるテレビの字幕に、そこまでやる必要があるのかという批判が次第に強くなり始めていた。

自粛ムードもさらに強まり、秋祭りやイベント、運動会などが中止になったり、結婚式シーズンでありながら挙式を延期するカップルも増えてきた。年賀状の印刷業者も頭を抱えるほどであったが、私にも一つ判断を迫られることがあった。十二月十八日に後輩の結婚式の仲人を以前から頼まれていたのだ。

まさかこのようなことになるとは夢想だにしなかったために引き受けたのだが、上司である徳市センター長に相談すると「行ってこい」と認めてくれた。幸い式場は東京駅前のホテルでタクシーなら一五分もかからない。それでも、式の最中も気が気ではなかった。もちろん式が終わるとすぐに社にかけ戻ったが、天皇の容体に変化はないと聞いてやっと落ち着いた。

そしてそのまま昭和六三年が暮れていった。記者たちは正月どころではない。天皇の容体はさらに深刻になっていたからだ。

血圧も七〇台まで落ち、暮れの二十九日から連続して下血が続いたため、天皇はさらに衰えていた。一月六日午後六時の発表では、天皇の体温は三五度二分、脈拍九三、血圧六七〜三〇でとくに血圧は依然として低いままであった。そして大量吐血から一一一日目の一月七日、午前五時に侍医長が自宅を出たという連絡が本社に入ると同時に、私の宿泊先のホテルのベッド脇の電話が鳴った。

「大至急、社に来てくれ」という内容だった。ついにその日が来てしまったという想いで、着替えもそこそこに会社まで走った。本来しゃべる立場にある人間は息がはずむため決して走ってはいけないのだが、そんな基本的なことすら頭になかった。それだけ気がせいていたのだが、報道フロアにはまだほんの数人しか来ていなかった。

私はただちに報道フロアに設けられた「金魚バチ」と我々が呼んでいたガラス張りのブースに入って息を整えていた。表のフロアでは、現場の宮内庁担当の四宮記者の「早く放送を始めろ。何をもたもたしているんだ」という怒声だけが響いていたが、私が勝手にしゃべり出すわけにはいかない。全国各地の放送局とネットを組んでいる以上、すべての加盟局への連絡をすませなければならなかった。

午前五時四一分三〇秒、私に放送開始の指示が出た。緊急の場合には通常の放送を中断して挿入することを「カットイン」というが、この時がまさにそれであった。もちろん原稿などいっさいなかった。事前に記者たちが集めておいてくれた情報に助けられた。

私はすぐに宮内庁前の根岸記者に、早朝からの動きを伝えてもらった。すでに昭和天皇の弟宮三笠宮ご夫妻をはじめ皇太子ご夫妻、常陸宮ご夫妻らが相次いで半蔵門や乾門から吹上御所に入ったことが伝えられた。このことからも天皇がすでに危篤状態にあることは明らかであった。

そして六時二八分に、竹下登首相も前後をパトカーに守られながらフルスピードで乾門から入った。首相は官邸に向かうつもりで自宅を出たが、途中で連絡が入り、そのまま進路を変え、急遽吹上御所に向かったのであった。

午前六時三五分、宮内庁の前田総務課長が「天皇陛下には本日午前四時過ぎ、吹上御所においてご危篤になられました」と発表した。同時に官邸でも、小渕恵三官房長官が同じ内容を発表していた。じつはこの時すでに天皇は二分前の午前六時三三分に崩御されていたのである。宮内庁と官邸で危篤会見のすり合わせを進めているうちに容体が急変したためであった。しかし事実を隠すわけにはいかない。

午前七時五五分から記者会見した藤森昭一長官は、天皇の崩御は午前六時三三分だったことを認めたうえで次のように発表した。「天皇陛下には昨年九月十九日夜吐血あそばれて以来、上部消化官から出血が断続的に継続し、胆道系炎症および閉塞性黄疸も認められ、また尿毒症も併発されて全力をあげてのご治療も及ばず、ついに本日十二指腸乳頭周辺腫瘍・腺癌に因り崩御あらせられました」と初めて病気の本体が癌であったことを公式に明らかにした。

この発表を受けて、宮内庁前から根岸記者が「日本テレビでは独自の取材によってご病気の本体が癌であることを早くから確認していたが、陛下ご自身やご身内の方々への告知の問題、それに社会的影響の大きさをかんがみ、報道を差し控えてきました。報道機関といえども一人の人間の生死について立ち入るべきではないとの判断に基づくものです」と日本テレビとしての立場を説明した。

皇室典範第四条により、皇嗣である皇太子明仁親王が即位し、父の死を悼みながらもただちにさまざまな行事に臨まれた。崩御されてからわずか三時間半後の午前一〇時一分から皇居正殿松の間で「剣璽等承継の儀《けんじとうしょうけい》」が竹下首相ら三権の長出席のもと行なわれた。これは天皇が位を引き継ぐ証しとされる即位後初の国事行事で、三種の神器《じんぎ》のうちの剣と曲玉、それに天皇の実印である御璽《ぎょじ》、国の実印である国璽《こくじ》が新天皇の前の案《あん》（机）の上に置かれ、式はわずか四分で終わった。

その次に急がなければならないのが新元号の制定だ。昭和五四年にできた元号法によって「元号は皇位の継承があった場合に限り改める」とあるからだが、戦前までは元号は天皇が決めていた。しかし同じ元号法によって「元号は政令で定める」と政府が決めるよう改められたため、政府は国民の総意を反映させるとして有識者懇談会の意見を聞いたうえで閣議決定した。政令はすべて天皇の署名と押印が必要なため、この元号制定の政令への署名が新天皇の初仕事となった。

そのあと小渕官房長官から新元号が「平成」であることが発表された。のちに小渕長官は「平成おじさん」と呼ばれるほど発表の場面は有名になった。新元号もそれまでと同じく中国の古典が出典で、史書の「内平らかに外成る」と書経の「地平かに天成る」からとったものであった。「平成」という新元号は一月八日の午前〇時から発効することになった。

こうして昭和天皇の生涯をまとめた映像や座談会に「剣璽等承継の儀」や元号発表の中継を折り込みながら、久保晴生、小林完吾、井田由美、木村優子アナらとバトンタッチしながら一月七日、午前五時四一分三〇秒にカットインしてから翌八日の午後一一時五九分まで、その間一度もコマーシャルが流されることなくほぼ二日間にわたった大特番は終わった。一日目の一月七日は、昭和天皇の崩御からのあわただしい一日の動きを主として伝え、二日目の八日は昭和天皇とゆかりのある方々に集まって頂いた座談会が中心であった。

昭和天皇の長い闘病生活からいつかはその日を迎えなければならないという覚悟はできていたものの、誰もが御代替りの実感を味わう暇もないあわただしい二日間であった。全力を出し切った報道部員たちには一種の虚脱感に似た気持ちがあったのか、フロアは意外なほど静かであった。私もホテルの部屋をかたづけて、じつに一一三日ぶりに家に戻った。

天皇の崩御から二日後の一月九日、新天皇が皇后とともに即位後初めて国民の代表とお会いになる「即位後朝見《ちようけん》の儀」が、国の儀式として午前一一時から皇居正殿松の間で行なわれ、初めてお言葉を述べられた。天皇はここで皇位を継承したことを宣言し、「国民とともに憲法を順守して責務を果たす」ことを誓われたが、これまでの「朕」とか「臣民」という命令口調と違って「皆さんとともに」という平易なお言葉で述べられ、今までとは違った新しい時代の幕開けを感じさせた。

この頃すでに昭和天皇のご遺体は吹上御所二階の寝室から降ろされ、お舟入《ふない》り（納棺）を終えて皇居正殿松の間に設けられた殯宮《ひんきゆう》（葬儀の時まで棺を安置しておく仮の御殿）に安置されていた。二十二日から三日間、殯宮一般参賀が行なわれ、あわせて一六万人が皇居を訪れ、棺に向かって最後のお別れをした。

前年まで一般参賀の人々に手を振られていた長和殿のベランダには、八十歳のお元気な頃の昭和天皇の大きな遺影が飾られ、棺の安置されている松の間まで見通せるように障子は開け放たれていた。私もしばしその遺影を見ながらたたずんでいたが、昭和に生まれ、機銃掃射を受けるなど苦しい戦争も体験してきた私にとって昭和天皇の死は私自身も一つの区切りをつけるべき時が来たように感じ、一段落したところで退職しようという気持ちが強くなっていた。

喪中とあって毎年一月中旬に行なわれる講書始の儀と歌会始の儀はすでに中止が決まっていたが、まだ大喪《たいそう》の礼（葬儀）という大切な儀式が残っていた。大喪の礼は墓所の完成を待って二月二十四日に行なわれることになった。その間一ヶ月余り、宮殿の殯宮ではゆかりのあった人たちが静かに天皇をしのぶ、世間でいう通夜が二四時間途切れることなく続いていた。

大喪の礼当日は朝から冷たい雨が降り続く中、一六三ヶ国、二八の国際機関代表ら一万人が参列して新宿御苑で行なわれた。この日、皇居から墓所の儀が行なわれた武蔵野陵墓地までの沿道では、じつに五七万人もの人々が葬列を見送った。その人々の胸にはさまざまな昭和への思いが去来したことであろう。午後六時からの墓所の儀にも、三〇分の特番が組まれた。しかし予定が大幅に遅れ、残念ながら放送時間内にすべてを伝えることはできなかった。

これですべて私の役目は終わったと思ったのだが、思いがけず九月十二日の礼宮さまと川嶋紀子さんの婚約発表特番も担当することになった。天皇の崩御に伴う喪は一年続く。まさか喪中に結婚話が持ち上がるとは思いもよらず、退社のタイミングを逃がしてしまった。二人は学習院大学構内の書店での出会いから交際に発展し、翌年一九九〇年（平成二）の六月二十九日に結婚し、秋篠宮家が創設された。この時から礼宮さまは内廷皇族ではなく筆頭宮家の当主になった。

これでようやく当面の皇室関連行事がすべて終わり、その年九月三十日で五十五歳の誕生日を待たず退職した。

ところが一連の皇室行事が終わったところで、社内では一つの問題が浮上していた。テレビである以上写真ではなく動く映像が必要だったのだが、日本テレビは定時の皇室番組を持っていなかったために撮りだめた映像が少なく、特別番組を作るにも映像面で大変な苦労をしなければならなかった。その点、ＴＢＳとフジテレビにはすでに定時の皇室番組があり、日頃から天皇御一家の動静を伝えていた。

そこで今後のためにも、日本テレビも皇室番組を一九九二年（平成四）十月からスタートさせることになった。しかし後発である日本テレビが同じことをやっても意味がない。そこで新番組のコンセプトとして、天皇ご一家、皇太子ご一家はもちろんのこと、皇室を構成するすべての皇族を対象にすることになった。私がその番組のキャスターを命じられたことが、以後三〇年にわたって多くの皇族の方々ともお会いするようになる契機だった。

番組を始めるにあたって各宮家にあいさつにうかがい、その時初めてお目にかかる皇族方もいらっしゃった。赤坂御用地の中にある高円宮邸ではあいにく殿下がお留守で、日を改めて会いたいという連絡を宮家からいただいた。後日、指定された場所はなんと都内の鮨屋であった。じつは、店の二階で根付《ねつけ》の会の寄り合いが開かれることになっていたのだ。殿下が根付に深い関心をもっておられることはあらかじめわかっていたので、その取材を兼ねてということになった。初対面でしかも相手は宮様だ。多少の緊張を覚えながら予定時間より早めに店先でお待ちしていると、やがて黒塗りの車が到着した。

にこにこしながら車を降りてこられた殿下に「初めまして、久能と申します」と頭を下げた途端、

「やあ、いつもテレビで見てますよ」という思いがけない言葉が返ってきた。確かにその当時、私は「おもいっきりテレビ」の「情報特急便」というニュースコーナーに毎日出演していたが、まさか皇室の方からそんな言葉をかけられようとは思ってもみなかった。面食らいはしたが、なんと気さくな方だろうというのが偽りのない第一印象であった。

そのまま二階に上がり、すでに集まっていた根付の会の人々との会話を聞いて、その思いをさらに強くした。我々が普段使っているそのままの会話なのだ。とくに敬語が使われるでもなく、目の前に並べられた小さな根付の作品をめぐってみんなが話に熱中している。かたわらで取材している私のことなど、もうまったく眼中にない。

高円宮殿下は私が直接言葉を交わした最初の皇族であったが、それ以後、何回も宮邸でインタビューさせて頂いた。「いま毎日の生活でも無駄使いが氾濫していますね。もちろん中には必要な無駄使いもあるでしょう。でも必要性の薄いものを買う。あるいは今持っているのが充分使えるのにちょっと変わったものが出るとすぐ買ってしまうのは、やはり無駄だと思うんですね。これは値段が高いか安いかでのことではなく、その物に対する価値観の問題だと思います。要するに買う人の、物に対する価値観が目減りしているのでしょう」。

「勢いのついた車にブレーキをかけるのはむずかしいが、今こそ立ち止まって自ら行なってきたことの何が悪くて何がいいのか、将来何をすべきかについて考えなければいけない。本当のところ、戦後これまで一つの国家としてそういう機会がなかった。今がその時だと思う」。

これらは、インタビューの中で私の心の中に今も強く印象として残っているお言葉だ。さまざまなことを深くお考えになる殿下がもっとも力を入れられたことの一つが、二〇〇二年(平成一四)の韓国とのサッカーワールドカップ共同開催の問題であった。当時、我が国には同時開催に反対する人々も少なくなかったが、殿下はもっとも近い隣国である韓国とは将来のことを考えると絶好のチャンスではないかと力説され、それが大きな力となった。

「インタビューに応じるから一緒に行こう」と殿下から声をかけられ、韓国に同行した。帰国直前、報道陣を空港に向けて送り出したあと、約束通りインタビューに応じて下さった。「これで近くて遠い国から近くて近い国になった」と大変な喜びようであった。

しかし酒に強く、酔った姿を見せたことのない殿下が少し酒くさく、体調が悪いのではないかと心配になった。それからわずか五ヶ月後、帰らぬ人となってしまうとは夢にも思わなかった。

そのほか多くの皇族の方々から話をうかがう機会があった。百歳で他界された三笠宮殿下には、東京三鷹市にある中近東文化センターや宮邸で話をうかがった。オリエント史に興味を持ったのは軍人として中国に派遣されたことがきっかけで、人類の文明の発端を掘り下げたくなったからだと熱っぽく語られたかと思えば、今はなくなった栃木県塩原の御用邸の図面を持ち出して、昔の想い出やレコードにもなった童謡の自作の詩を披露して下さったこともあった。

またフォークダンスやアイスダンス、日本舞踊までダンスや踊りと名のつくものは一通り手を出したと楽しそうに話された。動きの激しいジャズダンスは七十歳までなさるほどの元気さだったが、レクリエーションは人によってやり方が違うのだから、組織が大きくなるにつれ押しつけにならないようにしなければならないという視点もお持ちであった。

また常陸宮ご夫妻は、それぞれ別々にインタビューに応じて下さった。常陸宮殿下は魚にも癌があり、人との関連について調べたいと熱弁をふるう一方、妃殿下とよくゴルフに行くことや「華子が作ってくれるカレーは美味しいですよ」と仲の良さをうかがわせる話をして下さった。一方、妃殿下は翻訳された絵本の話や犬小屋の掃除中に職員に誤って鍵をかけられて出られなくなったこと、犬のお産に立ち会ったことなど、犬好きらしい話が多かった。

そのほか皇族のどなたに接しても、気さくで偉ぶったところなどまったくなかった。雲の上の人で恐れ多く近寄りがたい方々という戦前生まれの私の先入観は完全に払拭された。

しかし、私がもっとも心を打たれたのは天皇と皇后美智子さま（現上皇・上皇后）の誠実なお人柄であった。天皇は即位以来、象徴天皇とはどうあるべきかを模索され続けていた。そしてたどりついた結論が、象徴としてただ存在するのではなく、つねに国民の幸せを祈りつつ、人々に寄り添うことであった。大きな災害があると、日を置かず現地を訪れ、膝をついて同じ目線で被災者を励ます天皇のお姿が、どれほど人々を勇気づけたかわからない。

また戦争を体験されたお二人の、二度とこんなことがあってはならないという強い思いが、外国にまで出かけていった慰霊の旅に表れている。私もサイパン、パラオ、フィリピンへの旅に同行したが、行く先々で平和へのお二人の強い思いを感じた。

戦後五〇年という節目の年に広島・長崎・沖縄・東京での慰霊を終えると、天皇は何とかして海外の激戦地の慰霊をしたいという強い希望を側近に述べられたという。しかし天皇の慰霊だけの外国訪問は前例がないうえ、交通手段などの面からも困難をきわめた。戦後六〇年の節目に実現したのが、サイパン島への慰霊であった。

現地は観光地化してはいたが、島内にはまだ戦車の残骸など数多くの戦跡が残っていた。当時、追いつめられた多くの日本人が「天皇陛下万歳」と叫んで身を投げたバンザイクリフでは、青い海を見下ろす断崖の上に立って深く黙禱を捧げられた。そのお姿には近寄りがたい厳粛さがあった。

このサイパン御訪問に際しては、戦時中に日本軍に徴用されて亡くなった朝鮮人の遺族や島に住む韓国人から強い反対の声があがっていた。日程の中に朝鮮人慰霊碑への参拝が含まれていなかったからだが、天皇は事前に充分ご承知だったのだろう。碑の前で車を停めて参拝されていたのだ。もちろん天皇が静かな雰囲気での参拝を強く望まれたため、記者団はその場には居合わせなかった。私はせめて写真一枚でも宮内庁から発表されていたら、韓国の人々も納得がいっただろうにと残念に思った。

それから一〇年後の二〇一五年（平成二七）四月九日、今度はパラオのペリリュー島への慰霊が実現した。第一次世界大戦後に日本の信託統治領になったパラオはまだ日本語を話すお年寄も多く、日本の花札が今でも楽しみの一つになっているほど親日的な国だけに、前日八日のパラオ到着時には沿道を埋めつくす島民の大歓迎を受けた。

日本軍が玉砕したペリリュー島に行くには、本島から小型の高速艇でも一時間ほどかかる。両陛下は海上保安庁の巡視船に一泊し、ヘリコプターで向かわれた。島には道路の真中に放置されたままの戦車から身の丈ほどの雑草が生えていたり、わずかに日の丸の塗料が残るゼロ戦が森の中に残骸をさらすなど、サイパン島以上に激戦のあとが生々しく残っていた。猛烈な米軍の砲撃でほとんどの樹木が焼き払われたこの島は、再び深い森に包まれていた。それがかえって長い年月と激戦の様《さま》をしのばせていた。

両陛下は島の南端に建てられた西太平洋戦没者の碑に日本から持参した花束を供え、深い黙禱を捧げられた。両陛下の慰霊が終わり、我々スタッフもペリリュー島をあとにしたが、途中で突然のスコールに襲われた。雨は短時間で止んだが、そのあとには二つの大きな虹がかかっていた。両陛下の慰霊を英霊も喜んでくれたのだろうと、その虹を眺めながら深い感動を覚えた。

二〇一六年（平成二八）八月、その天皇の御退位の意向が明らかになった時には、法律上退位が認められていないので、多くの国民に驚きが広がった。しかしビデオメッセージを通じて、さらに高齢になった時に自分の考える天皇の務めが果たせなくなるのではないかという率直なお気持ちを国民が理解し、特例法によって御退位が認められたのであった。私は天皇が象徴としてのあり方をつきつめていかれれば、御退位しかないと思っていたので、大きな驚きはなかった。しかし逆に、もっと早く御退位を認めてさしあげる術《すべ》はなかったのかと思う。

二〇一九年（平成三一）四月三十日の退位式の翌日、五月一日に皇太子が新天皇に即位され、皇后となった雅子さまの長い闘病生活を送られたとは思えない潑剌《はつらつ》としたお姿に人々は安堵し、「令和」という新しい御代はきわめて順調なスタートを切ったといえるだろう。

しかしこのあとには女性皇族が結婚とともに皇籍を離れ、どんどん皇族の数が減っていく現状にどう対処していくかという大問題が控えている。

現在の皇室典範は戦後改正された際、充分検討する時間がなかったこともあって以前の典範と大筋において変わってはいない。

もちろん退位に関する条項はない。しかし改正した頃はまだ人生五〇年といわれていた時代だ。誰一人こんな長寿社会になるとは思ってもいなかった。

天皇といえども人間だ。大変な激務を考えれば終生天皇でなければならないとする現在の皇室典範が時代に即しているとは到底思えない。

天皇（上皇）はかつて誕生日会見でこう述べられている。

「その時代時代で新しい風が吹くように皇室の在り方も変わっていくものだと思います。言論の自由には天皇制の是非を論ずることも含まれます」と。

また「これからの皇室はどうあるべきだとお考えですか」という私の質問に対する高円宮殿下の答えが強く印象に残っている。

「皇室は開かれたとよくいわれるが、皇室は少しも変わっていない。皇室はあくまでも国民が自分を見たいと思った時の鏡であるべきで開くも開かないも見たい側がどう見るかだと思う。また皇室がどうあるべきかは時代とともに国民が決めることであり、本来皇室は国民の先頭に立つのではなく、国民の中央より少し後ろを皆と一緒に行くのが望ましいと思う。国民の皆さんが我々に何をしてほしいかを知るためにもその声をつねに聞いていていたいのだ」。

まさに今、国民一人一人がその言葉をかみしめる時が来ているように思う。

あとがき

こうして数々の体験をさせてもらった六〇年を振り返ってみると、やはり現場を踏み、自分の目で見たことを伝えることの大切さを改めて感ずる。阪神淡路大震災でも東日本大震災でも土・日を利用して自分で現場を見たことが大いに役に立った。スタジオでキャスターを務めていても、現地からのリポートを受けるだけだと実像が見えにくいのだ。

大きな災害があると、中継現場はどうしても映像的に映える場所を選ぶことになりがちなため、全体像や細かな問題点がなかなか伝わらない。たとえば阪神淡路大震災の時も、実際には映像的に伝えるべきところがほかにもたくさんあるし、交通手段がなくなっているため地図を買おうにも売り切れで手に入らなかったり、トイレの問題などもある。

東日本大震災の時には、さらにそのことを実感した。震災後の最初の土・日を利用して宮城県から岩手県まで車で被災地を回ったが、その時はまだ惨憺たるありさまで、まったくの手つかずの状態であった。

大きな避難所には各局のテレビ中継車がずらりと並んでいるが、小さな避難所にはない。当然、中継された大きな避難所には全国から次々と救援物資が届いているのに、小さな避難所には届いていないところが多くあった。それが、「次々と救援物資が届いています」という大きな避難所からのリポートだけですまされてしまう。この不公平さは、現地を回って初めてわかることであった。

またソ連のタンカーが日本海で座礁し、大量の重油が海岸に流れついた時も、現場に着いてまず驚いたのは、座礁したタンカーと海岸との距離であった。テレビの中継画面で見た時には海岸からかなり離れているように見えたのだが、現場に立つとまさに目と鼻の先に座礁していた。この距離感はテレビではわからない。

また現場から「海岸に漂着した重油を地元の人たちが懸命に除去しています」という立ったままのリポートでは、その大変さは伝わらない。私も軍手をはめて岩にこびりついた重油を取り除こうとしたが、力一杯やらないと取れないのだ。たしかに大勢の人がしゃがみ込んで除去作業をしていたが、ほとんどの人が腰をおさえている。腰にきているのだ。そのため近くに設けられた救難所で手当てを受ける人も多かったが、どのテレビ局もその模様を伝えてはいなかった。

またテレビでは伝えられないのが、強烈な重油の臭いだが、この日の体験は翌日以降の放送で大いに役立った。現場とのやりとりに幅ができたからだ。

こうした災害報道に限らず、テレビ中継には伝え方にも問題があるように思う。アナウンサーは渡された原稿を正確に読むことが求められる。たしかにそれは大切な、基本的なことだが、とくにテレビの場合にはいかにサイド情報を盛り込めるかにかかっているのではないだろうか。

テレビでは、映し出されている画面をくどくどと説明する必要はない。必要なのはそこに映っていない情報をいかに挿入し、補足することではないだろうか。テレビならではの伝え方は何なのか。今が最終形だと思ってほしくない。テレビ報道の可能性はまだまだあると思う。

著者

久能 靖（くのう・やすし）
1936年生まれ。東京大学卒業。日本テレビのアナウンサーとしてニュース部門を担当。東大闘争、成田闘争、浅間山荘事件、日中国交回復などを実況中継。1972年、報道部記者に転じ、警視庁、労働省、自民党、国会などを担当。現在、皇室ジャーナリストとして活躍している。日本テレビの番組「皇室日記」では長年キャスターを担当してきた。皇室関係の著書では、『皇宮警察』『知られざる皇室』『高円宮殿下』（小社刊）、その他『浅間山荘事件の真実』『「よど号」事件　122時間の真実』（小社刊）など。

実録《じつろく》 昭和《しょうわ》の大事件《だいじけん》「中継現場《ちゅうけいげんば》」

2020年11月20日　初版印刷
2020年11月30日　初版発行

著　者　久能靖
装幀者　岩瀬聡
発行者　小野寺優
発行所　株式会社 河出書房新社
〒151-0051　東京都渋谷区千駄ヶ谷2-32-2
電話（03）3404-1201［営業］（03）3404-8611［編集］
http://www.kawade.co.jp/
組　版　KAWADE DTP WORKS
印刷所　モリモト印刷株式会社
製本所　大口製本印刷株式会社
Printed in Japan
ISBN978-4-309-02927-6

皇宮警察

久能靖

天皇をはじめ皇室を護衛し警備する皇宮警察は、皇居以外に赤坂御用地や京都御所などにも配備される。今まで一般にはまったく紹介されてこなかった組織と、教育訓練や実態を取材した決定版。

知られざる皇室
伝統行事から宮内庁の仕事まで

久能靖

新しい天皇の時代に守られていくのは？　変わっていくのは？　日本人にとっての「皇室のあり方」を探りつつ、皇室ジャーナリストが皇室のすべてを赤裸々にまとめた決定版。

天皇史年表

米田雄介監修
井筒清次編著

神武天皇から現代まで、百二十五代にわたる全天皇の事績から日本通史を網羅する大著。数々の専門領域にまたがる「天皇制」の網羅的かつ詳細な内容をまとめた、天皇史の決定版！

天皇家全系図

米田雄介監修
井筒清次編著

神武天皇から平成の明仁天皇までの全代の家系図を初めてまとめた事典。全配偶者、全兄弟姉妹、全皇子女、皇族など、宮内庁資料などを駆使して可能な限り詳しく掲載する。